Marta Neira de Toledo – Haydée Neira

Bajas Calorías
Comida deliciosa y fácil en microondas

ZIUR
editorial

Diseño de interior y tapa: Carlos Mazzarella
Idea de logo: Jorge Schmukler
Diseño de logo: Carlos Mazzarella
Primera edición: Noviembre de 1997

ISBN: 987-95909-7-X

INTRODUCCIÓN

En América, los hábitos en el comer están cambiando. Pertenecemos a una generación que toma conciencia en cuanto a la salud, interesada en la mejor conveniencia y bienestar y con una nutrición más sofisticada. Tenemos una tendencia hacia comidas más saludables. **Bajas Calorías comida deliciosa y fácil en microondas** hace posible la preparación rápida de comidas sanas y livianas. El énfasis está dirigido a cocinar alimentos sabrosos y de bajas calorías. Las recetas han sido desarrolladas con tendencias adelgazantes modificadas aún para reducir su contenido en azúcares y grasas. Llevan menos carnes rojas y salsas recargadas; con poco agregado de sal y grasas. Condicen realmente muy bien con las pautas dietéticas recomendadas por el Departamento de Agricultura, Salud y Servicios Humanos de los E.E.U.U., en 1980, las cuales consisten en:

1) Comer alimentos variados
2) Mantenerse en el peso ideal
3) Evitar demasiadas grasas, grasas saturadas y colesterol
4) Comer alimentos con una adecuada proporción de almidón y que contengan fibras.
5) Evitar la ingestión excesiva de sodio
6) Evitar la ingestión excesiva de azúcar
7) Beber alcohol con moderación

Comer liviano, es un concepto íntegro para comer y vivir saludablemente. Lo fundamental de este concepto reside en la importancia de comer los alimentos adecuados en pequeñas porciones. No es simplemente una receta o un determinado alimento, sino que también tiene importancia la consumición total diaria. Este libro está organizado en categorías de tipos de alimentos, por lo tanto podrá Ud. combinar fácilmente el tipo de dieta que prefiera para cada día. Comer en exceso de un alimento considerado como de reducido valor energético, significará la incorporación de demasiadas calorías.

Encontrará aquí, en nuestro libro, una amplia variedad de recetas. Hay versiones dietéticas de muchos de sus platos favoritos, nuevas recetas y otras ideas. Hemos intentado no sacrificar el sabor, utilizando muy pequeñas cantidades de ciertos ingredientes, tales como el azúcar y coberturas o agregados batidos. Aunque no sea éste, un libro de comidas dietéticas, nos hemos propuesto reducir las calorías. Como ejemplo podemos mencionar carnes y platos principales con menos de 350 calorías. Los postres tienen menos de 150. En otras categorías de alimentos, las calorías son proporcionales al papel que desempeñan, en las comidas.

En cada receta, proporcionamos el dato de las calorías que contiene cada porción. No se olvide que dicho cálculo es aproximado y variará de acuerdo con el tipo y calidad de los alimentos utilizados. Cuando en una receta damos dos ingredientes optativos, en el cálculo energético consideramos al primero de los mismos. Los ingredientes que utilizamos son convencionales, los que con frecuencia encontrará en su alacena o bien serán fáciles de adquirir en el supermercado. Algunos de ellos son dietéticos o hipocalóricos. Asimismo, Ud. podrá reducir aún más las calorías, utilizando ingredientes dietéticos tales como margarina, mayonesa, condimentos para ensaladas, gelatinas y edulcorantes artificiales. Hemos usado carnes magras, margarina, leche y quesos descremados, pero bien, puede reemplazarlos por los ingredientes tradicionales, teniendo siempre presente que de esa manera aumentará el valor calórico de las comidas.

En el momento de hacer las compras debe leer con atención las etiquetas de los productos. Muchos de ellos, y seguramente en el futuro lo será la totalidad, incluyen la información nutritiva de los mismos. Los ingredientes están ordenados de acuerdo a su proporción de mayor a menor.

CAPÍTULO 1
TOQUECITOS DE MICROONDAS (M.W.)

El horno a microondas es muy útil para preparar comidas nutritivas y livianas rápidamente. Por ej.: alimentos magros como el pescado o el pollo pueder ser cocinados sin agregado de medio graso alguno y sin riesgo de que se peguen. Las verduras frescas pueden cocinarse con poco líquido conservando sus nutrientes. Las salsas pesadas pueden eliminarse porque el M.W. tiene menor efecto de evaporación sobre los alimentos. Los siguientes son algunos consejitos o sugerencias que ayudan a asegurarle a Ud. buenos resultados, con las recetas de este libro. Recurra al manual de instrucciones o libro de cocina que viene con su horno para más información básica.

VOLTAJE DEL HORNO A MICROONDAS

Las recetas de este libro han sido ensayadas en M.W. con un voltaje de 600 a 700. Para hornos de menor voltaje (como los compactos) serán necesarios algunos ajustes en los tiempos de cocción para lograr buenos resultados. Por ej.: si Ud. tiene un horno que trabaja a 500 voltios necesitará utilizar el máximo del tiempo dado en la receta, o aumentarlo levemente. A no ser que en una receta se especifique cocinar a baja temperatura, cocine siempre en la posición "high" o "cook".

NIVEL DE TEMPERATURA "BAJA" (LOWER)

Muchos M.W. tienen una selección de niveles de baja temperatura. Estos niveles reducen la energía permitiendo que los alimentos se cocinen más lentamente . Esto reduce la posibilidad de recocido, revolviendo menos veces. Algunas de las recetas de este libro especifican "cocinar a baja temperatura". Los términos de baja temperatura varian según el fabricante; por eso cuando pedimos cocinar a baja temperatura en una receta, nosotros especificamos a qué porcentaje; por ej. cocine low-30%. Muchos hornos traen una perilla especial que sirve para programar la temperatura de cocción en escala del 10%. Por ej.: si dice 3 equivaldría a 30%. "Descongelar" es un término bastante confuso. En hornos con una sola posición, descongelar es generalmente alrededor del 50 %. Los hornos que tienen "defrost" y un rango más bajo, generalmente el descongelado trabaja al 30%. Los modelos más nuevos a menudo incluyen "defrost" en una posición separada de otras bajas temperaturas. En estos hornos. "defrost" es programado automáticamente con el nivel de temperatura decreciente hasta que el producto esté descongelado. Si su horno no tiene una posición de más baja temperatura, Ud. obtendrá un resultado similar, utilizando tiempos constantes entre los grados de cocción y/o el aumento de veces que se ha de revolver. Nosotros incluimos la posición "full power" en el sector de "consejitos" de las recetas. Algunas recetas no tienen buen resultado con full power; en esos casos, se aclara en los consejitos.

TIEMPO DE LAS RECETAS

En la mayoría de las recetas está dado el tiempo de cocción; por ej: 5 ó 6 minutos. Nosotros le sugerimos que comience con el menor tiempo. Es mejor cocinar menos una comida agregando unos segundos para completar su cocción que recocinarla. Cada receta incluye una forma práctica para su preparación; por ej: "hasta que la mezcla hierva y se espese o hasta que no esté más rosada (una carne).

DISTRIBUCIÓN Y MEZCLADO

La distribución o ubicación de los alimentos contribuye a lograr una uniforme cocción. Dado que las microondas cocinan primero la periferia, trate de acomodar las piezas más densas y gruesas en los bordes y las más delgadas en el centro. Un ejemplo de esto serían presas de pollo con papas. Las distintas partes de un mismo alimento se cocinan en tiempos diferentes y los módulos varían según el M.W. de que se trate.

Cuando la receta indica mezclar, no sólo significa la distribución uniforme del calor, sino que homogeneiza los ingredientes evitando el resecamiento y la formación de grumos.

Si Ud. posee bandeja giratoria sólo mezcle la preparación ya que la rotación se realiza con la bandeja giratoria.

CUBIERTAS Y ENVOLTURAS

Se usan varios tipos de envolturas. Para aquellas comidas que requieran una cocción al vapor o a fuego bien lento cúbralas ajustando bien con las tapas de las cacerolas o con plástico adherente. Por lo general puede alternarse el uso de los mismos.

El papel manteca es una envoltura más floja que se usa para carnes, pescados y aves. Las servilletas de papel para M.W. permiten una mejor evaporación, conservando más el calor. Son buenas envolturas para los panes y para cubiertas de pan rallado, así como para evitar las salpicaduras de alimentos como la panceta.

UNTENSILIO (VAJILLA)

Nuestras recetas deberán elaborarse con utensilios específicos para Hornos a microondas. Estos pueden ser los que Ud. ya posee de vidrio, cerámica refractaria, plástico o papel. Para M.W. es conveniente consultar el manual de su M.W. para obtener más detalles sobre una vajilla específica de acuerdo al modelo que tenga.

Nosotros hablaremos de dos piezas especiales de vajilla microondas que quizás no le sean familiares. La primera es una parrilla para carnes. Hay muchas medidas y diseños, pero todas tienen que levantar la comida y la protegen de los jugos de cocción, permitiendo que las grasas escurran mientras se cocina. También es útil para prevenir que los sandwichs se humedezcan, pues elevándolos permite que el vapor se escape y evita que el fondo se empape.

Algunos alimentos como frutas y verduras congeladas pueden descongelarse, cocinarse en sus envases, a menos que se trate de un paquete de papel metálico. En ese caso el papel metálico debe ser quitado y el alimento pasado a otro recipiente.

COCINANDO EN SERIE

Cuando deba cocinar una carne entera en el M.W. será útil organizar la preparación. Decida cuáles comidas podrá preparar primero. A menudo éstas serán la ensalada o el postre. Entonces resuelva cuál comida puede ser hecha y luego recalentada. Las sopas y las salsas por ejemplo. Cocine primero las comidas que llevan más tiempo, ya que las mismas siempre requieren de un período de reposo al final de la cocción y mantienen el calor por más tiempo. Las carnes y los guisos son buenos ejemplos de estos platos. Deje las comidas rápidas y verduras para el momento antes de servir. Siempre recaliente los panes cuando esté todo listo para servir. Usted verá que la mayor parte de las comidas se adaptan al siguiente plan de cocina:

1) Postres - Ensaladas
2) Grandes carnes
3) Papas y/o carnes pequeñas
4) Verduras y/o pescado
5) Panes cocinados
6) Recalentado

Lo más importante que Ud. deberá comprender cuando prepare comidas en M.W. es que los alimentos se recalientan fácilmente y en muy buena forma. Cualquier alimento que se enfría puede ser llevado a la temperatura adecuada para servir, horneándolo ligeramente. Y muchas comidas se mejoran y realzan su sabor.

CAPÍTULO 2
BOCADITOS Y APERITIVOS

La próxima vez que sienta el deseo de picar algún bocadito, pruebe alguno de los que incluimos en las recetas de este capítulo. No se trata solamente de alimentos de pocas calorías como lo son los bocaditos y bebidas en general, sino de muy buenas alternativas nutritivas con las que puede hacer comidas interesantes y divertidas incluyendo uno o más de ellos con una sopa o ensalada. Para remojar o untar los bocaditos utilizamos yogurt y queso descremado reemplazando a la crema batida y el queso crema. Sugerimos reemplazar las galletitas o chips por vegetales crudos; así serán más nutritivos y de menor contenido calórico.

Considere la elaboración de las recetas como un fácil y divertido entretenimiento.

BOCADITOS DE COLIFLOR

Alrededor de 40 bocaditos / 20 calorías cada uno

Los vegetales siempre constituyen una entrada favorita y estos bocaditos de coliflor no son una excepción.

Ingredientes:
1 coliflor chica 1/4 taza de margarina. 1/4 taza de pan rallado. 1/4 taza de queso parmesano. 1 cu-

charada de té de hojas secas de estragón. 1 cucharada de té de paprika. 1/4 cucharada de té de sal. Pimienta a gusto

1- Lavar bien la coliflor y escurrir. Separarla en ramitos. Cortar si es necesario de tal modo que queden trocitos de tamaño adecuado para comer.

2- Calentar en HIGH la margarina en una bandeja chica para M.W. durante 45 a 60 seg., hasta que se derrita.

3- Mezclar en una Bolsa Plástica el pan rallado, el queso, el estragón, la paprika, la sal y la pimienta.

4- Bañar los ramitos en margarina y echarlos en la bolsa para que se cubran bien con la preparación. Quitarles el exceso y acomodarlos cubriéndolos con papel para M.W.

5- Cocinar en HIGH, durante $5^{1/2}$ a $6^{1/2}$ min., o bien hasta que estén tiernos.

CROCANTE DE CEREALES

Para acompañar un caldo / 75 calorías la 1/2 taza.

Galletitas saborizadas y nueces se tuestan rápidamente en el M.W.

Ingredientes:

2 tazas de galletitas de queso. 2 tazas de galletitas de salvado. 2 tazas de galletas de arroz 2 tazas de palitos pretzels. 1 taza de maní tostado (no salado). 3 cuch. de margarina. 1 cuch. de salsa Worcestershire. 1/4 cucharadita de polvo de cebolla. 1/4 cucharadita de polvo de ajo. 1/4 cucharadita de sal de apio.

1- Mezclar muy bien en un bol adecuado para M.W., las galletas, las de cereales, los pretzels, y el maní. 2- Cocinar en HIGH,la margarina en una bandeja para M.W., durante 30-60 seg. Unir la salsa con los condimentos. Volcar esta preparación sobre la mezcla de galletitas trituradas. 3- Cocinar en HIGH sin cubrir y dejar 8-9 min. o hasta que la mezcla comience a tostarse mezclando 2 ó 3 veces. Volcar a un molde chato para llevar a la mesa. Servir caliente o a temperatura ambiente.

BROCHETTES

Estas brochettes miniaturas dan el toque festivo a toda reunión.

Alr. 40 Brochettes / 55 cal. cada una.

Ingredientes:
900 gr. de bifes de lomo. 1/2 taza de salsa de soja. 2 cuch. de miel. 2 cuch. de ketchup. 1 cuch. de vinagre. 1 diente de ajo picado. 1/2 cucharadita de jengibre. 1 pimiento verde cortado en trocitos de 1 cm.

1- Desgrasar la carne. Enfriar en freezer hasta que esté parcialmente congelada. Luego cortar en tajadas finitas y colocarlas en una cacerola.
2- Mezclar el resto de los ingredientes, excepto el pimiento, en otro recipiente. Verter sobre la carne y cubrir con la tapa.
3- Llevar la carne a la heladera por lo menos 2 horas;

revolver para que tome bien el sabor. Sacar la carne y pinchar varias tiras en un palillo colocando un trozo de ají en cada extremo. Dividir las brochettes entre dos fuentes. Pincelarlas con el escabeche. Cubrir con papel manteca. 4- Llevar a M.W. en HIGH, una fuente por vez, dur. 4-5 min. o hasta que la carne esté tierna, rotando las brochettes una vez. Pasar a una fuente de servir.

Consejitos:
Puede sustituir el pimiento verde por cebolla de verdeo, o trocitos de apio.

BOLITAS DE ESPINACA:

50 Bolitas / 10 cal. c/u

Bolitas nutritivas espolvoreadas con semillas de sésamo.

Ingredientes:
1 paq. de espinaca picada congelada (280 gr.). 1 taza de pan rallado con gusto a hierbas (para rellenar). 1 huevo batido. 1/4 taza de queso Parmesano. 1 cda. de cebolla picada. 1 cucharadita de sal. 1/3 taza de semillas de sésamo.

1- Llevar a M.W. en HIGH, dur. 4-5 min. o hasta que la espinaca se caliente, revolviéndola dos veces. Escurrir bien. Incorporar el pan rallado, el huevo, el queso, la cebolla, la sal, y batir bien.

¿Porqué se margina a una mujer separada o viuda?
Hombres y mujeres deberíamos desprendernos de este cruel prejuicio.

2- Formar bolitas de 1,5 cm. Cubrirlas con semillas de sésamo. Acomodar en 2 fuentes. Cubrir con papel manteca. 3- Llevar a M.W. en HIGH, una fuente por vez, dur. 1-2 min. o hasta que las bolitas se cocinen.

PIZZETAS

Alrededor de 60 pizzetas / 25 calorías cada una

El sabor favorito de la pizza para un crocante aperitivo.

Ingredientes:
1 taza de blanco de pavita picado. 1 taza (120 gr.) de queso mozzarella desmenuzado. 1 ramito de apio cortadito. 1/4 taza de aceitunas rellenas finamente cortadas. 2 cucharadas de mayonesa. 1/2 cucharadita de condimento italiano. Alrededor de 60 galletas de trigo sin sal.

1- Mezclar muy bien todos los ingredientes menos las galletas en un bowl de 1 litro de capacidad apto para M.W. Acomodar las galletas en 3 bandejas distintas para servir, Volcar una cucharada colmada de la mezcla sobre cada galleta.
2- Cocine en HIGH, de 45 a 60 seg. o hasta que el queso comience a derretirse. Servir caliente.

Consejitos:
Para lograr que la pavita quede bien triturada, utilizar multiprocesadora. Pueden ser elaboradas con anticipación y calentarlas en el momento de servir.

BEUDAÑAS

Alrededor de 36 bocaditos / 35 calorías cada una
Papas cubiertas de pimientos y queso caliente hacen
un bocadito de gran sabor.

Ingredientes:
3 fetas de panceta. 3 papas medianas. 2 cucharadas de agua. $1^{1/2}$ taza (180 gr.) de queso
Cheddar picado. 1/3 taza de pimientos morrones cortaditos o aceitunas.

1- Colocar la panceta en un plato para M.W. formando una sola capa.
Cubrir con papel absorvente para M.W.
2- Cocinar en HIGH 4 a 5 min. o hasta tostarse.
Sacar y dejar al costado.
3- Pelar las papas y cortarlas en tajadas de 1/2 cm.
Colocar en una cacerola para M.W. Agregar el agua y
cubrir con la tapa.
4- Cocine en HIGH de 4 a 5 min. revolviendo una
vez. Destapar y a la misma temperatura, dejar 2-3 min. o
hasta que estén tiernas.
5- Acomodar las papas en una sola capa, en 3 bandejas distintas. Cubrirlas con queso y los pimientos o las
aceitunas. Desmenuzar la panceta y esparcir sobre las
papas.
6- Cocinar HIGH una bandeja por vez sin tapar y
dejar de 30 a 60 seg. o hasta que el queso se derrita. Servir
caliente.

A veces el hombre más pobre deja a sus hijos la herencia más cuantiosa.
Ruth Renquel.

HORS D'OEUVRES MARINOS

60 hors d'oeuvres / 10 cal. cada uno

Los zapallitos dan una base interesante y colorida a estos bocados.

Ingredientes:
120 gr. de queso Neufchatel o similar. 1 cda. de condimento para ensalada. 2 cda. de jugo de limón. 200 gr. de carne de cangrejo. 3-4 zapallitos medianos, paprika o perejil fresco a gusto.

1- Colocar el queso en un bol de vidrio cocinar en HIGH 30 a 60 seg. o hasta que se ablande. Mezclarlo con el condimento y el jugo de limón hasta que quede cremoso. Añadir la carne de cangrejo con tenedor.
2- Cortar los zapallitos en tajadas de 1/2 cm. de espesor. Acomodarlas en una bandeja para M.W.
Sobre cada tajada volcar una cucharadita de la mezcla. Espolvorear con paprika o adornar con perejil.
3- Cocinar en HIGH destapado de 1 a 2 min. o hasta que se calienten. Servir fríos o calientes.

Consejitos:
Si prefiere, corte carne de cangrejo en trozos de 3 cm. Sobre cada uno vuelque una pequeña cantidad de la mezcla y espolvoree con paprika.

CAMARONES PICANTITOS

Alrededor de 60 camarones / 5 cal. cada uno

Camarones marinados y picantes para servir calientes o fríos.

Ingredientes:
1 paquete de (280 gr.) de camarones crudos congelados. 1/4 taza de vermut. 1 diente de ajo picado. 1/2 cucharadita de perejil picado. 1/2 cucharadita de estragón seco. 1/4 cucharadita de pimentón.

1- Descongelar los camarones. Escurrirlos.
2- Mezclar todos los ingredientes en una cacerola para M.W.; ponerle la tapa.
3- Cocinar en HIGH 3-4 min, revolviendo una o dos veces. Dejar reposar 5'. Servir caliente o frío.

Consejitos:
Para lograr un sabor más picante, macerar los camarones 4 horas antes de cocinar.

BANDEJA DE VERDURAS FRÍAS

Alrededor de 12 porciones / 40 cal. cada una

Esta bandeja es un toque ideal para una mesa de hors d'oeuvres. Incluimos una salsita de verduras pero también puede utilizar aderezo para ensaladas.

Ingredientes:
4-5 zanahorias peladas. 1/4 taza de agua. 225 gr. de champignones. 1 coliflor chica. 2 zapallitos medianos

Salsa

1 taza de yogur natural. 3 cebollas de verdeo. 1 cucharadita de perejil picado. 1/4 cucharadita de polvo de ajo. 1/4 cucharadita de sal.

1- Cortar las zanahorias en trozos de 1cm. Colocar en recipiente para M.W.; agregar el agua. Cubrir con plástico adhererte.

2- Llevar al M.W. y cocinar HIGH durante 5-6 min., revolviendo una vez. Dejar reposar 3-4 min.

3- Lavar los hongos; cortar la coliflor en pedazos pequeños. Cortar los zapallitos en cubos grandes.

4- Poner un plato pequeño en el centro de una fuente de 30 cm. Acomodar la coliflor y los hongos a ambos lados de la bandeja. Entre ambas verduras distribuir los zapallitos a un costado y las zanahorias parcialmente cocidas al otro. Cubrir con plástico adhererte. Cocinar en HIGH 8-10 min. o hasta que las verduras estén tiernas. Destapar por un extremo y escurrir el líquido de las verduras. Enfriar descubierto.

6- Preparar la salsa mezclando todos los ingredientes y verter en el platito del centro. Cubrir la bandeja completamente y enfriar durante 1-2 horas o hasta antes de servir.

Consejitos:

Puede escoger la combinación de verduras que le gusten, pero teniendo en cuenta que sean de tiempos similares de cocción y de formas y colores contrastantes.

TIMBALES DE SOJA

24 porciones / 35 cal. cada una

Ingredientes:

1 kg. de alas de pollo (alrededor de 12 alas). 1/3 taza de salsa de soja. 1/4 taza de agua. 1 cucharada de jugo de limón. 1 cucharadita de fécula de maíz.

1- Cortar las alas por las coyunturas de modo que queden 3 trozos de c/u. Lavarlas y escurrirlas; colocarlas en un bol plástico.

2- Mezclar los ingredientes menos la fécula. Separar 1/3 de taza de esa mezcla. Echar el resto sobre las alas cubriéndolas bien. Tapar el bowl y dejar macerar 4 horas.

3- Agregar la fécula de maíz a la mezcla reservada. Batir hasta lograr una crema.

4- Llevar la salsita sin tapa al M.W.; Cocinar en HIGH 2-3 min. hasta que rompa el hervor y se espese, revolviendo una o dos veces.

5- Acomodar las medias alas en una fuente de vidrio, de modo que las puntas más gruesas queden en los bordes. Verter la salsita y cubrir con papel manteca.

6- Cocinar en HIGH 5 min.

7- Cocinar en HIGH descubierto 3-4 min.

BROCHETTES DE VERDURAS

25 brochettes / 15 cal. cada una

El condimento italiano le da un sabor único a estos brochettes.

Ingredientes:

1 taza de ramitos de coliflor. 1 taza de ramitos de

brócoli. 1/2 taza de ajíes en trozos de 3 cm. 1/2 taza de rodajas finitas de zanahorias. 1/4 taza de condimento italiano.

1- Mezclar las verduras en un recipiente. Agregarles el condimento cubriéndolas bien.

2- Coloque en pinches apropiados los pedacitos de verdura alternándolos. Acomodar los brochettes en una fuente. Cubrir con plástico adherente, pero dejando un extremo abierto.

3- Cocinar en HIGH 5-6 min. o hasta que estén tiernas y crocantes, rotando la bandeja una vez.

Consejito:
Los vegetales pueden ser macerados durante la noche. Si lo desea puede esplovorear los brochettes con miga de pan antes de cocinar.

HONGOS RELLENOS DE ATÚN

36 hongos / 20 cal. cada uno

Los hongos parcialmente cocinados y luego rellenos con una preparación relámpago. Hágalos algunas horas antes de servir.

Ingredientes:
36 hongos de tamaño uniforme (alrededor de 450 gr.). 180 gr. de atún sin aceite. 3 cebollas de verdeo picaditas. 2 cucharadas de apio bien picadito. 1/4 cucharadita de semillas de eneldo. 1/4 cucharadita de pimienta. 3 cucharadas de mayonesa o aderezo para ensaladas.

1- Lavar bien los hongos y escurrirlos. Sacarles el tronquito (guardarlos para otra comida). Acomodar los sombreritos en 2 bandejas de 30 cm. Cubrir con plástico adherente. 2- Cocinar en HIGH colocándolos en una bandeja a la vez y dejar 1-1$^{1/2}$ min. o hasta que estén calientes. Volcar el líquido que largan y dejarlos a un costado. 3- Mezclar bien el resto de los ingredientes. Echar la mezcla sobre los champignones. Enfriar antes de servir.

HONGOS RELLENOS CON ESPINACAS SOUFFLE

24 bocaditos / 15 cal. cada uno

El souffle de espinacas resulta un relleno interesante para los hongos.

Ingredientes:
24 champignones grandes. 1/2 paquete de espinacas congeladas (alred. 170 gr.). 2 cucharadas de migas de pan seco. 1/4 cucharadita de polvo de cebollas. 1/2 cucharadita de sal.

1- Lavar los champignones y secar bien. Cortarles los tronquitos (guardarlos para otra comida). Acomodar los sombreritos en una bandeja para M.W. Dejar a un lado.
2-Colocar las espinacas descongeladas en un recipiente para M.W.
3- Agregar el resto de los ingredientes a las espinacas y mezclar bien. Echar la mezcla sobre los champignones (sombreritos).
4- Cocinar en HIGH destapado, durante 2-3 min.

Consejitos:
Si se desea puede gratinarse utilizando el grill.

ALBÓNDIGAS ORIENTALES

40 albóndigas / 25 cal. cada una

Son fáciles de preparar. ¡Y vienen con sorpresa!

Ingredientes:
500 gr. de carne magra picada. 2 cucharadas de pan rallado. 1/4 cucharadita de jengibre. 1/4 cucharadita de polvo de ajo. 1/8 cucharadita de pimienta. 1 cucharada de salsa de soja. 1 frasco de castañas, escurridas y cortadas en cuartos. 1 cucharada de mermelada de naranjas.

1- Mezclar muy bien la carne, el pan, el jengibre,el polvo de ajo, la pimienta y la salsa de soja. Preparar las albóndigas colocando en cada una un cuarto de castañas. Acomodarlas en una fuente para M.W. de 30x20. Cubrir con papel manteca.

2- Cocinar en HIGH 4-5 min. hasta que estén casi hechas, dándolas vuelta una vez. Pintar las albóndigas con la mermelada.

3- Quitar el papel y llevar al horno en HIGH 1-2 min. más.

Consejito:
Se puede sustituir la mermelada de naranjas por jalea de manzanas o peras.

Nuestras ropas ocultan parte de nuestra belleza
sin embargo, no esconden lo que no es bello.

BOCADITOS DE PAVITA AGRIDULCE

40 bocaditos / 20 cal. cada uno

Ingredientes:
Blanco de pavita. 1 paquete de pavita de 450 gr. 1 cucharada de azúcar negro. 2 cucharadas de jugo de naranja. 1 pizca de jengibre a gusto.

1- Cortar la pavita en tajadas
2- Mezclar el resto de los ingredientes en un plato.
3- Sin tapar llevar a temperatura HIGH 45-60 seg., hasta que rompa el hervor, mezclando una vez.
4- Agregar la pavita a la salsa, revolver para que se impregne uniformemente. Cubrir con papel manteca.
5- Cocinar en HIGH 2-3 min. o hasta que se caliente revolviendo una vez. Servir calientes con palillos.

SALSA MEXICANA

Alrededor de 4 tazas / 25 cal. c/ 1/4 de taza

Ingredientes:
1 lata de tomates enteros (750 gr.). 1 taza de cebolla picada. 2-4 pimientos chili (picante). 1 cucharada de aceite. 1 cucharada de. 1 cucharada de jugo de limón. 1 cucharadita de orégano. 1/2 cucharadita de coriandro.

1- Cortar los tomates y mezclar con el resto de los ingredientes en un bowl grande para M.W.

2- Cocinar en HIGH sin tapar y dejar 15-20 min. o hasta que las verduras estén tiernas y la salsa espesa. Revolver de vez el cuando. Enfriar.

Consejito:
Puede sustituir la lata de tomates por 6 tomates grandes frescos pelados y picados. Sus amigos gustarán mucho de esta salsita acompañando verduras y/o pancitos.

La vida es demasiado breve para ser pequeña.

CAPÍTULO 3
PESCADOS Y AVES
(Carnes blancas)

Las aves y los pescados son excelentes sustitutos de las carnes rojas. Poseen un diferente porcentaje de proteínas y menor contenido de grasas y colesterol. El término medio de las personas consume dos veces la cantidad de proteínas que se necesitan, y el 70% de ellas provienen de los animales. Por esta razón, el tamaño de la porción de carne, de pescado y de pollo que damos en nuestras recetas es de alrededor de 100 a 115 grs. cada una.

En muchas de las recetas de pescado, donde se utilizan filets, Ud. puede elegir el tipo de pescado que más le guste. Los pescados de similar contenido calórico son:

–lenguado: 90 cal. c/100 grs.
–trucha: 100 cal. c/100 grs.
–róbalo: 120 cal. c/100 grs.
–bacalao 170 cal. c/100 grs.
–salmón: (pescado de sabor más fuerte y de más calorías) 210 cal. c/100grs.
–merluza: 86 cal. c/100 grs.
–merluza negra: 85 cal. c/100 grs.

El pescado tarda generalmente 4 a 5 min. c/500 grs. en cocinarse en el M.W., y queda muy rico porque no se seca tanto como en las cocinas convencionales.

Cocinar el pollo sobre la parrilla especial para M.W., para que la grasa se escurra y de esta manera reducir las calorías. Las mismas, se reducen aún más si le quitamos la piel. El pollo trozado demora alrededor de 7 min. c/500 grs. en cocinarse. Es conveniente reducir la temperatura cuando se trabaja con piezas más grandes, para que penetre mejor el calor. Cuando acomode las presas de pollo sobre la bandeja, coloque las más gruesas en los bordes dado que es allí donde reciben más calor. Cuando se trata de aves y pescados suaves en sabor puede optar por la elaboración de salsas que incluímos en algunas recetas. Para realzar los sabores y mejorar la apariencia, también pueden utilizarse condimentos varios.

PESCADOS

TROZOS DE LENGUADO Y CAMARONES

4 porciones / 135 cal. cada una

Los filetes de lenguado o de cualquier otro pescado favorito se cocinan muy bien en el M.W. Aquí hemos mejorado color y sabor con alguros camarones en conserva.

Ingredientes:
450 gr. de filetes de lenguado. 1 lata de camarones gdes. enjuagados y escurridos (125 gr.). 1 cucharada de jugo de limón. 1/4 cucharadita de sal. 1 cebolla de verdeo picada. 150 grs. de champignones cortaditos. 1 cucharada de maicena. 1 cucharada de agua.

1- Cortar los filetes en tiras longitudinales de alrededor de 3,5 cm. de ancho. Rellenar los filetes con los camarones. Rociar con el jugo de limón. Esparcir la sal y la cebolla. Echar los champignones y cubrir con plástico adherente o tapa.

2- Cocinar en HIGH 4' o hasta que el pescado se separe fácilmerte. Disolver la maicena en la cucharada de agua fría en un recipiente chico y agregarle el exceso de líquido del pescado; unir bien.

3- Llevar al horno, sin tapar, y a temperatura HIGH 60-75 seg., hasta que la mezcla rompa el hervor y espese suavemente. Verter la salsa sobre los trozos. Acomodar en un molde.

Consejito:
Para otras cantidades de pescado, cocinar alrededor de 4 minutos por cada libra (450 gr.).

ARROLLADOS FESTIVOS DE LENGUADO

4 porciones / 130 cal. cada una

No necesita estar a dieta para disfrutar de estos atractivos y sabrosos filetes.

Ingredientes:
450 gr. de filetes de lenguado u otro pescado favorito. 1/2 taza de pepinos o zapallitos sin pelar, picados. 1 tomate mediano picado. 3/4 cda. de sal con sabor. Pimienta a gusto. 3 cucharadas de queso mantecoso.

1- Cortar los filetes en tiras de 2,5-3 cm. de ancho. Enroscar cada tira dejando un espacio interior de 3 cm.

Sujetarlas con palillos. Colocarlas con la unión hacia abajo en un molde cuadrado para M.W. 2- Mezclar el pepino con el tomate. Rellenar los filetes con esta mezcla. Salpimentar y cubrir con plástico adherente. 3- Cocinar en HIGH 4-5$^{1/2}$ min. o hasta que el pescado se separe fácilmente. Colocar un trozo de queso sobre cada rollito. Dejar unos minutos más para que el queso se ablande.

TRUCHA RELLENA

6 porciones / 335 cal. cada una

El microondas es ideal para cocinar pescado y esta trucha de nuestro Sur no es una excepción. Un relleno ligeramente sazonado realza la frescura y sabor.

Ingredientes:
1 cucharada de margarina. 2 cucharadas de cebolla picada. 1/4 taza de apio picado. 1 taza de champignones frescos picados (150 gr.). 1 taza de cubitos de pan. 1/2 cucharadita de sal. 1/4 cucharadita de tomillo seco. Pimienta a gusto. 2 cucharaditas de jugo de limón. 900 gr. de trucha arco iris (alrededor de 4 truchas).

1-Mezclar la margarina, la cebolla, el apio y los champignones en un bowl. 2- Cocinar en HIGH, sin tapar, 2$^{1/2}$-3 min. o hasta que las verduras estén tiernas. Agregar el pan, la sal, el tomillo, la pimienta y el jugo de limón.

3- Acomodar las truchas en un molde bajo de 20x30 cm. Rellenar las truchas en su cavidad, con la mezcla de verduras. Cubrir con papel manteca.
4- Cocinar en HIGH de 9 a 11 min. o hasta que el pescado esté cocinado. Dejar reposar unos minutos antes de servir.

Consejito:
Si las truchas varían en tamaño y peso, es importante considerarlo para determinar el tiempo de cocción. Generalmente se cocinan, 4 minutos cada 500 grs.

POLLO DE MAR A LA ALMENDRA

Alr. de 6 porciones / 140 cal. cada una

Este pescado oriundo de Nueva Zelandia de sabor muy suave, tiene su carne blanca como la nieve y es casi sin espinas.

Ingredientes:
750 gr. de filetes de pollo de mar u otro pescado. 1/4 taza de perejil picado. 2 cucharadas de jugo de limón. 1/4 cucharadita de sal. pimienta a gusto. 1/4 taza de almendras fileteadas. 1 cucharada de margarina

1- Cortar los filetes por la mitad y acomodarlos en una asadera de 26x15 cm. Echar encima el perejil, el limón, la sal y la pimienta. Cubrir con plástico adherente.
2- Cocinar en HIGH 5-6 min. hasta que el pescado se separe, rotando las presas una vez. Retirar y dejar cubierto.

3- Mezclar las almendras y la margarina en una asadera de 22 cm. aproximadamente.

4- Llevar al M.W. sin tapar, 3-4 min. en HIGH, hasta que las almendras se tuesten, revolviéndolas 1-2 veces. Espolvorear rotando las presas una vez.

POSTAS DE SALMÓN AL LIMÓN

Alr. de 4 porciones / 275 cal. cada una

El eneldo y el limón son un suave condimento para el gustoso salmón.

Ingredientes:
450 gr. de postas de salmón (2,5 cm. c/u.). 1 cucharada de margarina. 1 cucharada de jugo de limón. 1/4 cucharadita de hojitas de eneldo 4 rodajas de limón.

1- Colocar las postas de salmón sobre una fuente para M.W. Cubrir con papel manteca.

2- Cocinar en HIGH 4- 5 min., hasta que el salmón se separe fácilmente, rotar las presas una vez. Retirar.

3- Poner la margarina en un recipiente pequeño y llevar al horno 30-45 seg. en HIGH, hasta que se derrita. Agregarle el jugo de limón y el eneldo, mezclando bien.

4- Pasar el salmón a una fuente para servir y verterle la salsa. Adornar con las rodajas de limón.

Cuanto más se sabe menos se asegura.
Proverbio italiano.

POSTAS DE SALMÓN CON SALSA DE PEPINOS

4 porciones / 255 cal. cada una

Ingredientes:
450 gr. de postas de salmón (2,5 cm. c/u).
1 taza de yogur natural. 1/4 taza de pepinos
pelados y picado muy fino. 1 cebolla de verdeo
Perejil picado.

1- Colocar el pescado sobre una fuente para M.W.
Cubrir con papel manteca.
2- Cocinar en HIGH 4- 5 min. o hasta que el salmón
se separe, rotando una vez. Retirar.
3- Mezclar en un bowl pequeño el yogur, el pepino y
la cebolla. Verter sobre el salmón y espolvorear con el
perejil.

Consejito:
El salmón en lata puede ser sustituído por salmón
fresco; utilice 225 grs. de éste sin escamas ni espinas.
Agréguele una cucharadita de mayonesa con una pizca de
sal. Cocinar en el horno 2 min. descubierto. Puede, si
desea, omitir la salsa. Si prefiere prepararlo con anticipación, siga las instrucciones hasta el 5° paso y deje
reposar a temperatura ambiente o en la heladera. En el
momento de servir, continúe con los pasos 6 y 7.

LENGUADO RELLENO DE CAMARONES

5 porciones / 200 cal. cada una

Los filetes de lenguado arrollado son una base sabrosa para un delicioso relleno de camarones

Ingredientes:
1/2 taza de cebolla picada. Champignones (150 gr.). 1 cucharada de margarina. 1 lata de camarones pequeños, lavados y escurridos (125 gr.) 1/2 kg. de filetes de lenguado. 1 cucharada de margarina. 1 cucharada de maicena. 3/4 taza de leche descremada. 1/4 cucharadita de sal. 2 cucharadas de vino blanco (optativo). Perejil y algunos camarones para decorar (optativo).

1- Mezclar en un recipiente chico la cebolla, los champignones y la margarina

2- Cocinar en HIGH, sin tapar, 3- 4 min. o hasta que la cebolla esté tierna; echar los camarones. Revolver y retirar

3- Cortar los filetes en tiras longitudinales de 5 cm. de ancho. Arrollarlos flojamente, dejando una abertura central. Sujetar con escarbadientes. Acomodarlos en un molde redondo de 20 cm. de diámetro, con la unión hacia arriba. Rellenar con la mezcla de camarones

4- Llevar la margarina al horno en un recipiente pequeño y dejarlo 30-45 seg. en HIGH, hasta que se derrita. Agregar lentamente la leche revolviendo muy bien y por último la sal y la maicena.

5- Cocinar en HIGH, sin cubrir, durante 2-3 min., hasta que la mezcla rompa el hervor y espese; revolver 1 vez. Incorporar el vino, si lo desea y verter sobre el pescado. Cubrir con papel manteca.

6- Llevar al M.W. a temperatura HIGH de $4^{1/2}$-5 min., o hasta que el pescado se separe fácilmente. Si le agrada, decore con perejil y camarones.

BACALAO AL VINO BLANCO

4 porciones / 105 cal. cada una

Este plato posee tan pocas calorías que puede agregarle fácilmente un poquito de margarina derretida o una salsa de crema.

Ingredientes:
450 gr. de filetes de bacalao. 1/4 taza de vino blanco seco. 1/4 cucharadita de sal. 1/4 cucharadita de hojas de eneldo

1- Cortar el pescado el trozos para servir y acomodarlos en un molde para M.W. de 15x25 cm. Verter el vino sobre el pescado; salar y espolvorear con el eneldo. Cubrir con plástico adherente.
2- Cocinar en HIGH 4-4$^{1/2}$ min. hasta que se separe.
3- Si prefiere sírvalo con margarina derretida o una salsa de crema.

PAN DE SALMÓN A LA FLORENTINA

6 porciones / 230 cal. cada una

Para lograr una pasta óptima de salmón, los ingredientes deben mezclarse con antelación. La cubierta a la florentina lo hace más nutritivo y especial.

Ingredientes:
1 paquete de espinacas picadas y congeladas (280 gr.). 1 lata de salmón, escurrido y cortado

(450 gr.). 3 rodajas de pan desmenuzado. 2 huevos batidos. 1/2 taza de leche descremada 1/2 cucharadita de sal. 1/4 cucharadita de pimienta. 1/2 taza de yogur natural. 1 huevo. 1/4 cucharadita de sal con sabor, pimienta picante, a gusto.

1- Llevar las espinacas al M.W. y mantener en HIGH 4 1/2-5 min., hasta que se descongelen. Escurrir.

2- Mezclar el salmón, el pan, los dos huevos, la leche la sal y la pimienta hasta lograr una pasta homogénea.

3- Volcar la mezcla en una budinera redonda de 20-23 cm. de diámetro y emparejar. Cubrir con papel manteca

4- Cocinar en HIGH 3'. Revolver ligeramente y volver a emparejar. Volver a cubrir.

5- Dejar a la misma temperatura $2^{1/2}$-3 min. más.

6- Mezclar la espinaca con el yogur, el huevo , la sal saborizada y la pimienta. Volcar sobre el budín de salmón. Cubrir con papel manteca.

7- Llevar al microondas a temperatura HIGH 3-4 min. hasta que la cobertura esté cocida.

Consejito:
Quedaría muy bien gratinándola unos minutos.

ARROLLADO DE LENGUADO Y SALMÓN

Alr. de 6 porciones / 260 cal. cada una

Esta combinación de pescados es atractiva y única en sabor. El salmón sazonado está enrollado dentro de los filetes de lenguado. Preferimos usar salmón, fresco.

Ingredientes:
1 taza de champignones frescos fileteados (110 gr.). 1/4 taza de cebolla picada. 2 cucharadas de margarina. 1 lata de salmón (225 gr.), escurrido. 2 cucharadas de mayonesa. 1 cucharadita de perejil picado. 700 grs. de filetes de lenguado. 2 cucharadas de harina. 1/2 cucharadita de caldo instantáneo de gallina. 1/2 cucharadita de hojitas de eneldo. 1/4 cucharadita de sal. 1/4 taza de agua. 2 cucharadas de vino blanco (optativo).

1- Mezclar los champignones con la cebolla y la margarina en un bowl.

2- Cocinar en High, tapar, 3 1/2- 4 min. hasta que estén tiernos, revolviendo 1 vez .

3- Mezclar el salmón, la mayonesa y el perejil. Agregarle una parte de la mezcla de hongos. Unir bien. Colocar un poco de esta pasta sobre cada filete. Enrollar y sujetar con escarbadientes. Acomodar en una fuente baja. Cubrir con papel manteca

4- Agregar la harina, el caldo, el eneldo y la sal al resto de la mezcla de margarina. Unir bien. Agregar el agua.

5-Llevar al horno en HIGH sin tapar, $1^{1/2}$-2 min., hasta que rompa el hervor revolviendo 2 veces. Añadir el vino. Revolver y retirar.

6- Llevar al horno (HIGH) los arrollados de pescado $5^{1/2}$- $6^{1/2}$ min.

7- Llevar al horno la salsa por 1-2 min. para recalentarla. Retirar y volcar sobre el pescado. Si desea puede gratinar.

Manejar el silencio es más difícil que manejar la palabra.
George Clemencan.

PESCADO A LA CRIOLLA

4 porciones / 125 cal. cada una

Filetes de suave sabor adornados con salsa criolla picante.

Ingredientes:

1/2 taza de apio picado. 1/2 taza de pimiento verde picado. 1 cebolla chica picada finita. 1 lata de salsa de tomate (225 gr.). 1/2 cucharadita de sal. 1/2 cucharadita de polvo de chili 1/4 cucharadita de polvo de ajo. 1/4 cucharadita de orégano. 1/4 cucharadita de tomillo. 450 gr. de filetes de pescado.

1- Mezclar el apio, el pimiento y la cebolla en un recipiente para M.W. cuadrado de 20 cm. de lado. Cubrir con plástico adherente.

2- Cocine en HIGH $2^{1/2}$-3 min. o hasta que las verduras estén tiernas.

Agregar el resto de los ingredientes, excepto el pescado. Cubrir nuevamente.

3- Cocinar en HIGH 2-3 min. o hasta que la mezcla hierva y esté homogénea. Saque los vegetales de la fuente y coloque en ella los filetes.

Vuelque la mezcla de verduras y salsa sobre el pescado. Cubrir con el plástico.

4- Cocinar en HIGH 4-$4^{1/2}$ min. o hasta que el pescado se separe fácilmente.

Las palabras que no van seguidas de los hechos no sirven para nada.
Demóstenes.

FILETES A LA LIMA

4 porciones / 135 cal. cada una

La lima le da un sabor refrescante y un color muy lindo a estos ricos filets

Ingredientes:
450 gr. de pescado en filetes. 1 cda. de margarina. 1 cda. de jugo de lima. 1/2 cda. de sal. 1/4 cda. de estragón. 4 rodajas de lima.

1- Corte los filetes en porciones para servir. Acomódelos en una fuente para M.W. cuadrado de 20 cm. de lado, con las partes más gruesas hacia afuera. Cubrir con papel manteca.
2- Cocine el HIGH 4- $4^{1/2}$ min. o hasta que el pescado se separe. Deje a un lado.
3- Mezcle la margarina, el jugo, la sal y el estragón en un bowl pequeño.
4- Cocine en HIGH, descubierto, 30-45 seg. o hasta que la margarina se derrita. Acomode los filetes en una fuente para servir. Bata la mezclita y échela sobre los filetes. Adorne con las rodajas de lima.

Consejito:
De acuerdo con el pescado que utilice, variarán las calorías.

FILETES ESCALFADOS CON VERDURAS

4 porciones / 125 cal. cada una

La zanahoria y el ají le dan un colorido y textura muy atractivos al pescado.

Ingredientes:
3/4 taza de zanahoria cortada en juliana. 3/4 taza de ají picado. 1 cebolla chica cortada muy fino. 1/2 cucharadita de sal. 1/4 cda. de polvo de ajo. 1/4 cucharadita de albahaca. 450 gr. de filetes de pescado. 1/4 taza de yogur natural.

1- Mezcle las zanahoria el ají verde, la cebolla y la albahaca en una fuente. Cubrir con plástico adherente.
2- Cocine en HIGH $3^{1/2}$- 4 min. hasta que las verduras estén tiernas. Acomode los filetes en un recipiente. Cubrir.
3- Cocine en HIGH 4- $4^{1/2}$ min. hasta que el pescado se separe.
4- Eche la mezcla de vegetales encima del pescado. Mezcle el yogur con los condimentos y sirva sobre los filetes.

FILETES DE PESCADO
CUBIERTO CON VERDURAS

4 porciones / 100 cal. cada una

Una salsita de verduras de bajas calorías acompaña su variedad favorita de pescado.

Ingredientes:
1 taza de champignones frescos fileteados (115 gr.). 1/4 taza de cebolla picada. 1/4 taza de apio picado. 1/4 cda. de sal. 450 gr. de filetes corta-

dos en trozos para servir. 1 cda. de perejil fresco cortadito.

1- Coloque los champignones, cebolla, el apio y la sal en un recipiente para M.W. Cubrir con plástico adherente. 2- Cocine en HIGH 4-5 min. o hasta que las verduras comiencen a tiernizarse. Colóquelas a un costado del recipiente; acomode los filetes virtiéndole las verduras encima. Cubrir. 3- Cocine en HIGH 4-4$^{1/2}$ min. hasta que el pescado se separe. Adornar con perejil.

FILETES A LA FLORENTINA

4 porciones / 220 cal. cada una

El pescado se cocina hermosamente en el M.W. y será seguramente su favorito cuando lo pruebe con un colorido relleno.

Ingredientes:
450 gr. de filetes de pescado (merluza o lenguado). 3 rodajas de pan, desmenuzadas. 1 cebolla chica picada fina. 2 tazas de espinacas frescas picada finita (85 gr.). 1 taza de champignones frescos o de lata fileteados (115 gr.). 1 huevo batido. 3 cdas. de queso parmesano. 3/4 cda. de sal. 1/4 cda. de pimienta.

1- Corte los filetes en 4 tiras longitudinales. Arrollar cada trozo flojamente distribuyéndolos en 4 cazuelitas enmantecadas, dejando espacio en el centro.

2- Mezcle el resto de los ingredientes enérgicamente. Vuelque la mezcla en las cazuelitas en forma pareja. Acomode las cazuelitas en una fuente para microondas. Cubra con papel manteca.

3- Cocine en HIGH 4-4$^{1/2}$ min. o hasta que el pescado se separe fácilmente. Enfríe unos minutos. Sirva deslizando la comida (sin darla vuelta) sobre una bandeja.

Consejito:
Corte las espinacas finamente con tijeras de cocina.

FILETS A LA ALMENDRA

Alrededor de 6 porc. / 160 cal. c/u.

Las almendras se tuestan en margarina antes de incorporarlas al pescado. No es necesario agregarle agua ya que su misma humedad evita el resecamiento

Ingredientes:
1/4 taza de almendras fileteadas. 2 cucharadas de margarina. 750 grs. de filet de pescado cortado en trozos para servir. 1/2 cucharadita de sal. 2 cucharadita de jugo de limón. Rodajas de limón para decorar (opcional).

1- Mezclar las almendras y la margarina en un molde para M.W.
2- Llevar a M.W. en HIGH, sin cubrir, durante 2$^{1/2}$-3 min., o hasta que queden doradas, revolviendo una vez. Retirar las almendras con una cuchara.
3- Colocar los filets en el molde con margarina gi-

rándolos varias veces para que se cubran bien de ésta. Cubrir con plástico adherente.

4- Llevar a M.W. en HIGH, durante 6-7 min. o hasta que el pescado se separe fácilmente. Salar, echarle el jugo de limón y las almendras. Si desea, decore con unas rodajas de limón.

PESCADO VERÓNICA

Alrededor de 6 porciones / 135 cal. c/uno

Éste es un plato atractivo para servir a sus invitados.

Ingredientes:
1/2 taza de champignones frescos fileteados. 1/2 taza de perejil fresco picado. 1/2 taza de cebolla de verdeo picada (incluyendo la decoración). 1 cucharada de margarina. 750 grs. de filets de lenguado. 1/4 taza de vino blanco seco 1 cucharada de maicena. 1/4 cucharadita de sal Pimienta a gusto. 1/2 taza de pasas de uva (sin semilla).

1- Mezclar en un molde pequeño, los champignones, el perejil, la cebolla y la margarina. Cubrir cor plástico adherente.

2- Llevar a M.W. en HIGH, durarte $1^{1/2}$-2 min. o hasta que los vegetales queden tiernos.

3- Corte, si es necesario, los filets en trozos para servir. Volcar la mezcla de vegetales sobre una de las puntas de cada filet. Enrollarlos y ubicarlos en una bandeja para M.W. con la unión hacia abajo. Agregar el vino y cubrir con plástico adherente.

4- Cocinar en HIGH, durante 6-7 min. o hasta que el pescado se separe fácilmente. Quitar el líquido del pescado guardando una taza del mismo; agregarle agua si es necesario, la maicena, la sal, y la pimienta. 5- Llevar a M.W. en HIGH, sin cubrir, durante 2-3 min. o hasta que la mezcla rompa el hervor y espese, revolviendo una vez. Echar las pasas de uva sobre el pescado, y verter la salsa.

FILETES DE PESCADO A LA ORIENTAL

4 porciones / 150 cal. cada una

El pescado es ideal para una dieta ya que es de bajo contenido calórico. Una salsita de soja realza su sabor sin incorporar muchas calorías. Las verduras preparadas a la oriental dan un toque de textura y color.

Ingredientes:
450 gr. de filetes de pescado congelado 2 cucharadas de agua. 1 cucharada de salsa de soja 2 cucharadas de perejil fresco cortado. 1 cucharadita de caldo de gallina instantáneo. 1 cucharadita de azúcar. 1/4 cucharadita de polvo de cebolla. 1/4 de cucharadita de polvo de ajo 1/4 de cucharadita de mostaza. 1 lata de castañas al natural. 1 paquete de arvejas congeladas (170 gr.).

1- Lleve el paquete de pescado al horno microondas y téngalo en HIGH 4-4$^{1/2}$ min. hasta que se lo sienta tibio, dándolo vuelta una vez. Desenvuelva y separe los trozos de pescado. Si es necesario. Coloque el pescado escurrido en una fuente apta para microondas con las piezas más gruesas hacia afuera y las más chicas hacia el centro del recipiente.

2- Mezcle el agua con la salsa de soja, el perejil, el caldo, el azúcar, el polvo de cebolla, el polvo de ajo y la mostaza. Vierta sobre el pescado. Encima eche las castañas y las arvejas (si es necesario, pase las arvejas por agua para separarlas ligeramente). Cubra con plástico adherente.

3- Cocine en HIGH 6-7 min. hasta que el pescado se separe.

Consejito:
Si utiliza pescado fresco o ya descongelado, omita el paso 1.

FILETES CON CREMA DE MOSTAZA

4 porciones / 120 cal. cada una

Preocupados por las calorías, siempre pensamos en el pescado. Éste se cocina con su propia humedad y lo presentamos con una salsa de mostaza.

Ingredientes:
1 cucharadita de caldo de gallina instantáneo. 2 cucharaditas de agua caliente. 1/2 taza de yogur natural. 1/4 cucharadita de mostaza 450 gr. de filetes de lenguado. 1/2 cucharadita de sal pimienta a gusto.

1- Mezcle el caldo con el agua en un plato pequeño. Déjelo unos minutos para que el caldo se disuelva. Batir allí el yogur y la mostaza. Dejelo a un costado.

2- Corte los filetes en trozos para servir; acomódelos en una fuente para M.W. Condimentar con sal y pimienta. Cubrir con plástico adherente.
3- Cocine en High 4-4$^{1/2}$ min. Sirva los filetes con la salsa.

AVES

PECHUGAS DE POLLO SUPREMAS

6 porciones / 240 cal. cada una

Elegantes pechugas de pollo con una salsa de champignones frescos.

Ingredientes:
3 pechugas de pollo completas, trozadas (alr. de 1350 gr.). Polvo natural para aves (para condimentar y dorar). 2 cucharadas de margarina. 2 tazas de champignones frescos fileteados (225 gr.). 3/4 tazas de agua. 2 cucharadas de jerez seco. 1 cucharadas de fécula de maíz. 1 cucharadita de cebollines picados. 2 cucharaditas de caldo de gallina instantáneo. 1/4 cucharadita de sal

1- Acomode los trozos de pollo con la piel hacia arriba en una asadera para M.W. Espolvoree con el condimento dorador. Cubra con papel manteca.
2- Cocine en HIGH 20-24 min. o hasta que el pollo esté tierno. Escurra el líquido de cocción; deje a un costado.
3- Mezcle la margarina y los champignones en un recipiente chico.

4- Cocine en HIGH, descubierto, $1^{1/2}$-2 min. hasta que los hongos estén casi tiernos, revolviendo 1 vez. Agregue el agua, el jerez, la fécula, los cebollines, el caldo y la sal; mezcle para disolver bien la fécula.

5- Cocine en HIGH, destapado, 3- $3^{1/2}$ min. o hasta que la mezcla hierva y se espese, revolviendo 1 ó 2 veces. Acomode el pollo en una bandeja apta para M.W. Vierta la salsa sobre el pollo.

6- Lleve al horno, destapado, y mantenga en HIGH 2-3 min. o hasta que se caliente bien. Si desea, gratínelo.

PECHUGAS DE POLLO CON QUESO

4 porciones / 210 cal. cada una

Sacándole la piel al pollo antes de cocinar eliminamos las calorías extras. Luego las cubrimos con papel para M.W. para permitir que libere humedad y que la cubierta tenga una textura crocante.

Ingredientes:
2 pechugas de pollo enteras, partidas y sin piel (alr. 900 gr.). 60 gr. de queso Mar del Plata. 1 huevo batido. 1/4 taza de copos de maíz. 1 cucharada de queso parmesano. 1 cucharadita de perejil. 1 cucharadita de caldo de gallina instantáneo. 1/4 cucharadita de sal. Pimienta a gusto.

1- Haga un corte de 7 cm. en la parte más ancha de las pechugas (aberturas). Corte el queso en 4 pedazos de 1x4 cm. aprox. Coloque un pedazo de queso adentro de cada mitad de pechuga. Cierre cada abertura con un palillo. Coloque las pechugas con el hueso hacia abajo en una parrilla para M.W. Pincele la carne sin piel con huevo batido. Mezcle el resto de los ingredientes. Espolvoree con ellos sobre el pollo. Cubra con papel manteca.

2- Cocine en HIGH 10-12 min. o hasta que esté hecho, rotando las pechugas una vez.

POLLO RELLENO DE ESPÁRRAGOS

4 porciones / 225 cal. cada una

Pechugas de pollo fileteadas rellenas de espárragos con una salsa delicada de yogur.

Ingredientes:
2 pechugas de pollo enteras (alred. de 900 gr.) 340 gr. de espárragos, cortados en trozos chicos. 2 cucharadas de agua. Polvo condimento de pollo para dorar.

Salsa
1/2 yogur sin sabor. 1/4 taza de ciboulette. Gotas de salsa tabasco.

1- Deshuese y corte cada pechuga en dos. Quite la piel. Coloque cada pieza por vez entre hojas de plástico adherente y golpee con un mazo hasta lograr 1 cm. de espesor. Deje a un costado.

2- Coloque los espárragos con el agua en una cacerola para M.W. Tape la cacerola.

3- Cocine en HIGH $2^{1/2}$-3 min., revolviendo una vez. Escurra. Coloque la cuarta parte de los espárragos en cada

pieza de pollo; enrolle y sujete con palillos. Espolvoree con el condimento dorador; acomódelas en una bandeja doradora. Cubra con papel manteca.
4- Cocine en HIGH 8-10 min. o hasta que el pollo esté tierno, rotando una vez.
5- Mezcle los ingredientes de la salsa. Vierta sobre los rollitos de pollo.
6- Cocine en HIGH, descubierto, de 30 a 60 segundos.
7- Salsear inmediatamente.

ARROLLADITOS DE PAVITA AL VINO BLANCO

5 porciones / 155 cal. cada una

Blanco de pavita relleno de champignones y acompañado con una delicada salsa de vino.

Ingredientes:
1 taza de champignones frescos fileteados. 1/2 taza de apio cortado fino. 1/4 taza de cebolla picada. 1 cucharada de margarina. 450 gr. de blanco de pavita fresca cortado fino. 1/4 taza de vino blanco seco. 2 cucharaditas de fécula de maíz. 1 cucharadita de caldo de gallina instantáneo. Paprika. Perejil.

1- Mezcle los champignones, el apio, la cebolla, el perejil y la margarina en una cacerola para M.W. Tape.
2- Cocine en HIGH 3-4 min. o hasta que el apio esté tierno. Pase el líquido de cocción a un bowl pequeño y deje a un lado. Vierta la mezcla de verduras sobre la superficie

de los trozos de pavita, uniformemente. Empezando por las partes más angostas enróllelas. Asegure con palillos, si es necesario. Coloque en una fuente para M.W. Vierta el vino sobre los rollitos. Cubra con plástico adherente.

3- Cocine en MEDIO 50% 8-10 min. Mezcle el líquido de cocción con el que reservó de las verduras. Agregue la fécula y el caldo y mezcle bien.

4- Cocine en HIGH, descubierto, $2^{1/2}$-3 min. o hasta que la mezcla hierva y se espese, revolviendo una vez. Pase los rollos de pavita a una fuente de servir. Vierta la salsa sobre los rollitos. Condimente con páprika; adorne con perejil.

Consejito:
Con temperatura HIGH, en el paso 3, cocine $5^{1/2}$-6 min. girando una vez.

BLANCO DE PAVITA
A LA PARMESANA

9 porciones / 135 cal. cada una

Jugosas pechugas de pavita coronadas con queso parmesano; pueden ser servidas así o con una variedad de platos.

Ingredientes:
1 pechuga deshuesada de pavita sin piel (alred. 1350 gr.). 1 cucharada de polvo condimento para aves para dorar. 1 cucharada de queso parmesano. Perejil a gusto.

Nota: Se puede reemplazar la pavita por supremas de pollo.

1- Humedecer la pavita con agua; condimentar generosamente con el polvo dorador. Coloque la pavita en una bolsa para horno. Cierre con una gomita. Ponga la bolsa en una fuente para M.W. Haga tajos en la bolsa.

2- Cocine en MEDIO -50% de 27 a 33 min., rotando la bandeja una vez. Deje descansar cubierto 15 min. Pase la pavita a una fuente para servir. Esparza con queso parmesano; adorne con perejil. Sirva caliente o frío.

Consejito:
En el paso 2 si usa temperatura HIGH cocine 5 min. y alterne con 5 min. de descanso hasta completar los 27-30, rotando dos veces. Para otras medidas de carne para asar, deje 9-11 min. por cada 450 gr. en temperatura MEDIUM (50%). Guarde el líquido de cocción de la pavita desgrasado y congele en cubeteras. Luego páselo a bolsas para freezer. Utilícelo en lugar del caldo en sus recetas favoritas. Si lo desea, corte en tajadas o cubitos para usar en otras recetas.

FILETES DE PAVITA
A LA FLORENTINA

6 porciones / 130 cal. cada una

Regordetes filetes de pavita rellenos de espinaca. Ésta es una elegante entrada para servir caliente o fría.

Ingredientes:
1/2 paq. de espinacas picadas, congeladas. 1/4 taza de queso parmesano. 1 cucharadita de cebolla en polvo. 1/4 cucharadita de sal de ajo. 450 gr. de filetes de pavita. 1 huevo batido. 2 cucharadas de pan rallado. 1/2 cucharadita de páprika.

Salsa:

1/2 taza de agua 1 cucharadita de caldo de gallina instantáneo. $1^{1/2}$ cucharadita de fécula de maíz. 1/4 cucharadita de estragón. 1 cucharada de vino blanco.

1- Envuelva la mitad del paquete de espinacas con papel de aluminio

2- Descongele las espinacas. Quite bien el agua. Agregue el queso, el polvo de cebolla y la sal de ajo; mezcle bien.

3- Haga un corte a cada filete, formando un bolsillo. Coloque con una cuchara la mezcla de espinacas por la abertura de cada filete. Ciérrelos con palillos. Ubíquelos en una parrilla para M.W. Pinte con el huevo batido. Mezcle el pan rallado con la páprika y espolvoree los filetes. Cubra con papel manteca.

4- Cocine en MEDIO-50% 14-16 min. o hasta que estén tiernos, rótelos una vez; deje descansar, cubierto. Para la salsa, mezcle bien el agua, el caldo, la fécula y el estragón en un bowl mediano.

5- Cocine en HIGH, destapado, $1^{1/2}$-2min. o hasta que la mezcla hierva y se espese, revolviendo una vez. Agregar el vino. Corte la pavita en porciones para servir. Sírvala con la salsa.

Consejito:

Se puede utilizar el paquete de espinacas entero, pero quedaría muy acentuado el sabor de ellas.

SUPREMAS CON HABAS

6 porciones / 285 cal. cada una

Habas congeladas o frescas, supremas y una salsa de champignones ajerezada, hacen de este plato una deliciosa combinación.

Ingredientes:
2 paq. de habas congeladas. (500 gr,) o frescos. 700 gr. supremas. 2 cucharadas de margarina. 1 cebolla chica picada. 1 taza de champignones frescos, cortados. 2 cucharadas de fécula de maíz. 1/2 cucharadita de sal. 1/2 cucharadita de tomillo. 1 taza de caldo de gallina. 4 cucharadas de jerez seco (a gusto). 1 cucharada de margarina. 1/4 taza de almendras cortadas. 1 cda. de perejil picado. 1/2 taza de pan rallado.

1- Cocine en HIGH 10-12 min los paquetes de habas o hasta que estén tiernas. Escurra.

2- Acomode las supremas en una fuente para M.W. Ponga encima las habas; deje a un costado.

3- Mezcle 1 cucharada de margarina, la cebolla y los champignones en un recipiente mediano.

4- Cocine en HIGH, destapado, 3-4 min. hasta que la cebolla esté parcialmente cocida. Agregue la fécula, la sal, el tomillo y el caldo.

5- Cocine en HIGH, destapado, $3^{1/2}$-4 min. o hasta que la mezcla hierva y se espese, revolviendo una vez. Incorpore el jerez. Vierta la salsa sobre las habas.

6- Mezcle las otras 2 cucharadas de margarina con las almendras en un bowl pequeño para M.W.

7- Cocine en HIGH 3-4 min. o hasta que las almendras se tuesten, mezclando una vez. Agregue el perejil y el pan rallado. Esparza sobre el plato de supremas y habas. Cubra con papel manteca.

8- Lleve al horno y mantenga 7-9 min. en HIGH.

Consejito:

Brócolis congelados picados o espárragos cortados pueden sustituir a las habas; las calorías variarán.

Este plato puede prepararse con anticipación hasta el paso 5, y la cubierta hacerla directamente en los pasos 6 y 7. Al servir, espolvoree la cubierta sobre la comida y continue con los tiempos de la receta si está a temperatura ambiente o 10-12 min. si ha sido congelado.

CAZUELA DE POLLO CON BROTES DE ALFALFA

6 porciones / 215 cal. cada una

Restos de pollo mezclados con brócoli y brotes de alfalfa hacen este nutritivo plato principal.

Ingredientes:

1 paq. de brócolis picados congelados. $1^{1/2}$ taza de pavita cocida cortada en tiras finas. 1 taza de queso mantecoso cortado en cubos. 2 cucharadas de cebolla picada. 1/2 taza de apio picado. 2 cucharadas de margarina. $1^{1/2}$ cucharada de fécula de maíz. 1 taza de leche descremada. 1/2 cucharadita de sal. 1/4 cucharadita de romero. 1/4 cucharadita de pimienta. 1 cucharadita de salsa Worcestershire. $1^{1/2}$ taza de brotes de alfalfa. 2 cucharadas de queso parmesano.

1- Ponga los brócolis en una cazuela para M.W. Cubrir con su tapa o plástico adherente.
2- Cocine en HIGH 5-6 min. Quite el agua. Encima coloque la capas de pollo y de queso; deje a un costado.
3- Mezcle la cebolla, el apio y la margarina en un bowl pequeño para M.W.
4- Cocine en HIGH, destapado, $2^{1/2}$-3 min. o hasta que las verduras estén tiernas. Mézclele la fécula, la leche, la sal, el romero, la pimienta y la salsa Worcestershire.
5- Cocine en HIGH, destapado, $2^{1/2}$-3 min. o hasta que la mezcla hierva y se espese, revolviendo dos veces. Vierta la salsa sobre la preparación de pollo.
6- Lleve la cazuela al M.W., destapada, y mantenga allí 6-7 min. Coloque encima los brotes y el queso parmesano.
7- Cocine en HIGH, destapado, 2-3 min. o hasta que esté bien caliente.

Consejitos:
La cebolla, el apio, la margarina, la fécula, la leche y la sal, pueden sustituirse por una lata de sopa crema. Una combinación de pollo cocida y jamón desgrasado es también muy delicioso.

PAVITA CON CASTAÑAS DE CAJÚ

5 porciones / 200 cal. cada una

Hirviendo los cubitos de pavita a fuego lento en un caldo sabroso realzará el sabor de este plato.

Ingredientes:
1 zanahoria chica pelada. 1 taza de apio cortado

fino. 1 taza de champignones frescos fileteados (115 gr.). 1 cebolla chica picada finito. 3/4 taza de agua. 1 cucharada de fécula de maíz. 2 cucharadas de salsa de soja. 2 cucharaditas de caldo de gallina instantáneo. 2 tazas de pavita cocida cortada en cubitos. 2 tazas de arvejas congeladas o frescas. 1/4 taza de castañas de cajú picadas.

1- Cortar la zanahoria en juliana. Mezclar con el apio, los champignones y la cebolla en una cazuela para M.W. Taparla.

2- Cocinar en HIGH 4-4$^{1/2}$ min . O hasta que las verduras estén tiernas. Pase el líquido a un bowl mediano para M.W. Agregarle el agua, la fécula, la salsa de soja y el caldo.

3- Cocinar en HIGH, destapado, 2$^{1/2}$-3 min. o hasta que la mezcla hierva y se espese, revolviendo una vez. Añadir los cubitos de pavita. Hacer que la carne se cubra bien con la salsa. Cubrir con plástico adherente.

4- Cocinar en HIGH 4-5 min. hasta que se caliente, revolviendo una vez. Incorporar las verduras. Pasar las arvejas por el agua para separarlas y agregar a la cazuela. Cubrir.

5- Llevar al M.W . y mantener 3-4 min. en HIGH, revolviendo una vez. Espolvorear con las castañas.

La inteligencia no tiene sexo.

CAPÍTULO 4
PLATOS PRINCIPALES
SIN CARNES

Estos platos principales donde la carne está ausente son sustitutos ocasionales de las proteinas animales. En esta sección, omeletes, quiches, tartas,algunas mezclas y otros platos principales están elaborados con huevos y quesos ya que son buenas fuentes de proteínas. Tome la precaución de no recocinarlos porque le resultará una comida gomosa. Las capas de queso se agregan en el último minuto, y el tiempo establecido suele colaborar a homogeneizar las temperaturas y completar la cocción. Tenga en cuenta que las calorías de los quesos varían según los tipos. Los mejores son aquellos que están elaborados con leche descremada o parcialmente descremada.

El tofú, queso de soja, es una excelente fuente de proteínas y ha sido utilizado en muchas de nuestras recetas de este capítulo y a lo largo de todo el libro. Su consistencia es como la de un queso blando y tiene un sabor suave que realza el de los alimentos con los que se combina.

Tenga en cuenta que quesos y huevos en cocción debe ser a temperaturas suaves o tiempos cortos, muy cortos.

SUPER OMELET

4 porciones / 215 cal. cada una

Huevos y papas juntos, típicos de un desayuno o de una cena liviana. Su preparación lleva apenas unos minutos.

Ingredientes:
2 papas medianas, peladas. 1 cebolla chica picada fina. 2 cucharadas de margarina. 4 huevos. 1/4 taza de leche descremada. 3/4 cucharadita de sal. 1/4 cucharadita de pimienta. 1/2 taza de ají verde picado. 1 tomate mediano, picado.

1- Cortar las papas y colocarlas en un colador. Enjuagar con agua fría y escurrirlas. Mezclar las papas con la cebolla en una tartera. Cubrir con papel manteca.

2- Cocinar en HIGH 6-7 min. o hasta que las papas estén tiernas, sacudiéndolas una vez. Agregar la margarina. Mezclar los huevos, la sal, la leche y la pimienta; batir bien. Añadir el ají y el tomate. Verter sobre las papas; mezclar suavemente. Cubrir con papel manteca.

3- Cocinar en HIGH 2'. Doblar los bordes cocinados sobre el centro. Cubrir.

4- Cocinar en HIGH 2-3 min., hasta que el centro esté cocinado. Deje reposar unos minutos. Cortar en triángulos para servir.

PIZZA OMELET

4 porciones / 205 cal. cada una

Aquí tenemos un atractivo y nutritivo plato a base de huevos que disfrutará en el desayuno, a media-mañana o como cena liviana.

Ingredientes:
4 huevos, separados. 1/4 taza de leche descremada. 1 cucharadita de sal. 1/2 cucharadita de orégano. 1/4 cucharadita de pimienta. 1/2 taza de salsa para pizza. 3 cebollas de verdeo picaditas. 1/2 taza de ají picado fino. 12 aceitunas picadas. 1 taza de queso mozzarella desmenuzado.

1- Batir las claras a punto de nieve. Batir ligeramente las yemas, la leche, la sal, el orégano y la pimienta con un tenedor. Unir las yemas con las claras. Rociar con spray para frituras, una asadera de 20 cm. de diámetro. Verter en ella la mezcla de huevos; esparcir uniformemente.
2- Cocinar en MEDIO-50%, destapado, 7-8 min. o hasta que los huevos estén cocinados. Esparcir la salsa para pizza sobre los huevos; arriba poner las cebollas, el ají, las aceitunas y el queso.
3- Cocinar en HIGH, destapada, 2 min. o hasta que el queso se derrita. Deje reposar unos minutos; cortar en triángulos.

Consejito:
A temperatura máxima cocine $2^{1/2}$-$3^{1/2}$ min. en el paso 2.

OMELET SOUFLE DE VERDURAS

4 porciones / 255 cal. cada una

Ingredientes:
1 taza de champignones frescos fileteados. 1/2 taza de ají picado. 1/2 taza de zanahoria ralla-

da. 3 cucharadas de cebolla picada. 2 cucharadas de agua. 1 taza de brotes de arvejas frescos o envasados. 6 huevos separados. 1 cucharadita de caldo de gallina instantáneo. 3 cucharadas de agua o líquido de cocción. 1 taza queso Cheddar desmenuzado. Sal y pimienta a gusto.

1- Mezclar los champignones, el ají, las zanahorias, la cebolla y las 2 cucharadas de agua en un recipiente para M.W. Cubrir con plástico adherente.

2- Cocinar en HIGH 4-5 min. o hasta que las verduras estén tiernas, revolviendo una vez; mezclar los brotes. Escurrir y guardar el líquido de cocción. Batir las claras a punto de nieve. Batir las yemas ligeramente con el caldo y 3 cucharadas del líquido de cocción. Unir las yemas a las claras. Rociar con spray para frituras, una asadera de 20 cm. de diámetro. Verter la mitad de la mezcla de huevo; esparcir uniformemente.

3- Cocinar en MEDIO, destapada, 3-3$^{1/2}$ min. Verter la mitad de las verduras y del queso sobre la omelet.

4- Cocinar en HIGH, destapada, 30-45 seg. o hasta que el queso se derrita. Verter esta preparación sobre las verduras. Desmoldar en una bandeja de servir. Cortar por la mitad. Repetir la preparación con la otra mitad de los ingredientes.

Consejito:
A temperatura máxima cocine 1$^{1/2}$-2 min.

HUEVOS REVUELTOS DE FANTASÍA

4 porciones / 180 cal. cada una

Champignones, rodajas de tomates y queso dan el toque de distinción para estos huevos revueltos.

Ingredientes:

$1^{1/2}$ taza de champignones frescos fileteados. 1 cucharada de agua. 1/4 cucharadita de tomillo. 6 huevos. 1/2 taza de leche descremada. 1/2 taza de yogur natural. 1/2 cucharadita de cebollines picados. 1/4 cucharadita de sal. Pimienta a gusto. 1 tomate mediano cortado en rodajas. 1/2 taza de queso Cheddar desmenuzado (60 gr.).

1- Colocar los champignones con el agua en un bowl chico para M.W..

2- Cocinar en HIGH $1^{1/2}$-2 min. o hasta que estén tiernos. Escurrir. Agregar el tomillo; dejar a un lado.

3- Batir juntos los huevos, la leche, el yogur, los cebollines, la sal, la pimienta en una cacerola para M.W. Cubrir con su tapa.

4- Cocinar en HIGH 5-6 min. o hasta que esté listo, revolviendo dos veces. Pasar los huevos a un plato. Colocar encima los champignones, las rodajas de tomate y el queso. Tapar.

5- Cocinar en HIGH $1^{1/2}$-2 min. o hasta que esté caliente y el queso se derrita.

REVUELTO DE PAPAS Y HUEVOS

4 porciones / 225 cal. cada una

Una combinación liviana, aunque completa, de papas, cebolla, ají y apio.

Ingredientes:
1 taza de apio picado. 1 cebolla chica picada. 1/4 taza de ají picado. 1 cucharada de margarina. 3 tazas de cubitos de papas cocidas. 1 cucharadita de sal con sabor. 1/4 cucharadita de pimienta. 6 huevos batidos. 2 cuharadas de galletitas con sabor a panceta. Pimienta.

1- Mezclar el apio, la cebolla, el ají y la margarina en una cacerola grande. Tapar.
2- Cocinar en HIGH, 3-4 min., las verduras. Agregar las papas, la sal y la pimienta; mezclar suavemente. Tapar nuevamente.
3- Cocinar en HIGH, 2-3 min. hasta que se caliente bien. Incorporar los huevos mezclando bien.
4- Cocinar en HIGH, destapado, 4-6 min. o hasta que los huevos estén hechos, revolviendo 2 ó 3 veces. Esparcir las galletitas trituradas y el perejil.

Consejito:
Se puede utilizar panceta picadita, pero aumentarán las calorías.

QUICHE DE BRÓCOLI Y ARROZ

6 porciones / 170 cal. cada una

El queso y el arroz hacen una crocante y colorida quiche de verduras.

Ingredientes:
2 tazas de arroz cocido caliente. 1/2 taza de

queso cheddar desmenuzado. 1 huevo batido. 1 cucharada de margarina. 1/2 cucharadita de sal. 1 paquete de brócoli picado congelado. 1 lata de champignones escurridos fileteados . 1 frasco de pimientos cortados, escurridos. 2 huevos batidos. 5 gotas de salsa de pimientos picacante. 1 cucharadita de jugo de limón. 1/2 cucharadita de sal. 1/4 cucharadita de orégano.

1-Mezclar el arroz caliente, el queso, la margarina y la sal hasta que el queso y la margarina se derritan. Presionar la mezcla de arroz en el fondo y las paredes de una tartera de 22 cm. de diámetro apta para M.W.. Dejar a un costado. Poner el brócoli en una cacerola para M.W. Cubrir cor su tapa.

2- Cocinar en HIGH 5-6 min., revolviendo una vez. Exprimir los brócolis. Agregar los champignones, el pimiento, 2 huevos, la otra cantidad de queso, la salsa picante, el jugo de limón, la sal y el orégano. Mezclar muy bien. Verter sobre el arroz. Cubrir con papel manteca.

3- Cocinar en MEDIO-50% 10-12 min. o hasta que esté hecha. Deje reposar 5 min. antes de cortarla en porciones triangulares.

Consejito: Si el arroz está frío calentar 2 min.

PAPAS Y BRÓCOLIS CON QUESO

4 porciones / 235 cal. cada una

Este plato es en sí mismo una comida completa. La sabrosa salsa de queso sazona y colorea el brócoli y las papas.

Ingredientes:
4 papas medianas. 1 atado de brócolis frescos, cortados en pedazos chicos. 1 cebolla chica cortada. 2 cucharadas de agua. $1^{1/2}$ taza de leche descremada. 1 cucharada de fécula de maíz. 1/4 cucharadita de sal. 1/2 taza de queso Cheddar desmenuzado. 2-4 gotas de salsa de pimiento picante.

1- Pelar las papas y cortarlas en trozos de 2,5 cm. Mezclar las papas, los brócolis, la cebolla y el agua en una cacerola grande para M.W.. Tapar.

2- Cocinar en HIGH 14-16 min. o hasta que las verduras estén tiernas, revolviendo 2 veces. Dejar a un costado. Mezclar la leche, la fécula y la sal en un recipiente pequeño; batirlas hasta que esté homogénea.

3- Cocinar en HIGH, destapada, 3-4 min. o hasta que la salsa hierva y se espese, revolviendo una o dos veces. Agregar el queso y las gotas de salsa picante. Cubrir los vegetales.

4- Llevar al horno, destapada, 2-3 min. hasta que esté bien caliente. Si desea gratine.

TARTA BURRITO

4 porciones / 270 cal. c/una

Es un plato mejicano favorito de la familia.

Ingredientes:
$1^{1/2}$ taza de puré de papas. Condimento a gusto. 1/4 taza de cebolla picada. 2 cdas. agua. Habas

cocidas (1 taza). 1/4 taza de queso provolone rallado grueso. 1/4 taza de salsa de chili. Pimienta a gusto. 1/4 taza de copos de maíz. Lechuga y tomate.

1- Mezclar el puré bien condimentado sobre una fuente, cubriendo el fondo y los bordes. En otro molde, mezclar la cebolla y el agua. 2- Llevar a M.W. en HIGH, sin cubrir, 1-2 min. o hasta que la cebolla esté tierna. Incorporar las habas, el queso, la salsa de chili y la pimienta. Verter esta mezcla sobre el puré. Cubrir con papel manteca. 3- Llevar a M.W. en HIGH, dur. 6-7 min. o hasta que esté bien caliente. Espolvorear con los copos. Decorar con lechuga y tomate.

Consejito:
Congele el resto de las habas que no utiliza, para un uso posterior.

TORTILLA DE VERDURAS

4 porciones / 170 cal. cada una

Zapallitos, ajíes, y champignones todos juntos en una tortilla decorada con queso cheddar derretido.

Ingredientes:
3 tazas de zapallitos cortados en tajadas. 1/2 taza de ají picado. $1^{1/2}$ taza de champignones fileteados (frescos). 1 diente de ajo, picado. 1/4 taza de cebolla picada. 1/2 cucharadita de co-

mino. 1/2 cucharadita de polvo chili. 1/2 cucharadita de sal. 1 cucharada de fécula de maíz 2 tomates, cortados en triángulos. 4 panqueques. 1/2 taza de queso Cheddar rallado. 2 cucharadas de aceitunas en rodajitas.

1- Mezclar los zapallitos, la pimienta, los champignones, el ajo, y la cebolla en una cacerola. Cubrir con la tapa.

2- Llevar a M.W. eI HIGH, 6-7 min. o hasta que esté casi tierno. Agregarle el comino, el polvo, la sal, y la fécula, mezclar bien.

3- Llevar a M.W. en HIGH, descubierto, 2-3 min. o hasta que la salsa rompa el hervor y se espese, revolviendo una vez. Agregar los tomates.

4- Dividir las verduras entre los 4 panqueques. Doblar en los bordes, envolviendo el relleno en el centro; acomodar en una bandeja de servir. Espolvorear el queso.

5- Llevar a M.W. en HIGH, descubierto, 2-3 min. o hasta que el queso se derrita. Adornar con aceitunas.

ENCHILADAS VEGETARIANAS

5 porciones / 345 cal. cada una

Una deliciosa variante en estas tortillas de verduras.

Salsa de guacamole

1/2 palta madura, pelada y hecha puré. 1/2 tomate picado fino. 2 cda. de yogur natural. 1 cucharadita de cebolla instantánea picada. 1/2 cucharadita de jugo de limón. 1/4 cucharadita

de polvo de chili. 1/4 cucharadita de polvo
de ajo. 2 gotas de salsa de pimienta picante.

Relleno:
1 cebolla mediana, cortada en tajadas. 1 diente
de ajo, picado. 2 cda. de agua. 2 tazas de champignones frescos fileteados. 2 tazas de zapallitos fileteados. 1 ají verde picado. 1 zanahoria
pelada y cortada en tajadas finas. $1^{1/2}$ tomates
picados. 1 cucharadita de sal. 1 cucharadita de
polvo de chili. 1/4 cucharadita de orégano. 1/4
cucharadita de comino. 3/4 taza de queso con
pimienta rallado. 10 panqueques.

1- Mezclar los ingredientes para la salsa; mezclar
bien. Cubrir y refrigerar.

2- Mezclar la cebolla, el ajo, y el agua en una cacerola para rellenar. Cubrir con la tapa.

3-Llevar a M.W. en HIGH 2-3 min o hasta que esté
casi tierno. Agregar los champignones, los zapallitos, el
ají, la zanahoria, el tomate, la sal, el polvo, el orégano, y el
comino. Cubrir.

4- Llevar a M.W. en HIGH 10-12 min. o hasta que
los vegetales estén tiernos y crocantes, revolviendo una o
dos veces. Incorporar el queso hasta que se derrita. Mezclar bien.

5- Llevar a M.W. en HIGH. Verter los vegetales sobre
cada panqueque. Enrollarlos, dejando el relleno para adentro. Acomodarlas en una bandeja de 20x30. Cubrir con
papel manteca.

La renovación constante es el precio de la vida.

6- Llevar a M.W. el HIGH 5-6 min o hasta que esté bien caliente. Servir las enchiladas cubiertas con la salsa de guacamole, (enchiladas es igual a panqueques).

ENCHILADAS DE BERENJENAS

6 porciones / 290 cal. cada una

Estas enchiladas son tan sabrosas que Ud. no extrañará nunca la carne.

Ingredientes:
1 diente de ajo picado. 1/3 taza de ají picado. 1 lata de puré de tomate. 2 cucharadas. de caldo de carne. $1^{1/2}$ cucharadita de polvo de chili. 1/2 de cucharadita de azúcar. 1 cucharadita de orégano. $1^{1/2}$ de taza de agua. 1 berenjena mediana, picada (4 tazas). 2 cdas. de agua. 1 cucharadita de sal. Pimienta a gusto 2-3 gotas de salsa de pimienta picante. 1 taza de queso cheddar rallado. 8 panqueques. 1/2 taza de yogur natural. 1/4 de taza de aceitunas fileteadas, (si lo desea).

1- Mezclar el ajo, el ají, el puré de tomates, el caldo, el polvo, el azúcar, el orégano, y el agua en un bowl.

2- Llevar a M.W. en HIGH. descubierto, 5 min o hasta que hierva. Luego llevar a M.W. en LOW (- 30 %) 10 min, revolviendo una vez.

3- Mezclar la berenjena, la cebolla, y las cucharadas de agua en una cacerola. Cubrir con la tapa.

4- Cocinar en HIGH 5-6 min o hasta que la berenjena esté tierna, revolviendo una vez. Mezclar 1/2 taza de

salsa, la sal, la pimienta (salsa) picante, 1 cebolla chica picada y 1/2 taza de queso.
5- Volcar la mezcla de berenjena sobre cada panqueque. Agregar encima de cada una, una cda. de yogur. Enrrollar. Acomodar en una fuente para M.W., con la costura hacia abajo. Verter el resto de la salsa sobre los panqueques. Cubrir con papel manteca.
6- Cocinar en HIGH 8 min. hasta que esté bien caliente. Espolvorear con el queso restante.
7- Cocinar en HIGH, sin cubrir, 1-1$^{1/2}$ min. o hasta que el queso se derrita. Adornar con las aceitunas.

RATATOUILLE

6 porciones / 130 cal. cada una

Esta combinación de verduras y arroz es muy completa y nutritiva.

Ingredientes:
1 berenjena mediana, pelada y cortada en cubitos. 3 zapallitos medianos, cortados (3 tazas). 1$^{1/2}$ cucharadita de sal. 1 cebolla mediana, cortada. 1 diente de ajo picado. 1 cucharada de aceite de oliva. 1 ají verde cortado en tiras. 1 taza de arroz cocido. 3 tomates picados. 1/2 cucharadita de albahaca. 1/4 cucharadita de pimienta. 1 cucharada de queso parmesano rallado.

1- Colocar la berenjena y los zapallitos en un recipiente de 7-8 min. tapado, en HIGH.

2- Colocar la cebolla, el ajo y el aceite en una cacerola grande para M.W. Taparla.

3- Cocinar en HIGH 4-41/2 min. o hasta que la cebolla esté blanda. Escurrir bien; las berenjenas y los zapallitos; agregar las tiritas de ají. Tapar uniendo las dos preparaciones.

4- Cocinar en HIGH 8 min., revolviendo una vez. Guardar el líquido de cocción de las verduras en un bowl y agregarle agua hasta tener 2/3 de taza. Echar en la cacerola el agua, el arroz, los tomates, la albahaca y la pimienta.

5- Cocinar en HIGH 5-7 min. o hasta que las verduras estén tiernas el arroz cocido, revolviendo una vez. Espolvorear con el queso rallado; mezclar suavemente.

Consejito:
El aceite de oliva es usado primordialmente para dar sabor. Si desea omitirlo, agregue 1 cda. de agua a las cebollas.

CHOW MIEN DE VERDURAS

5 porciones / 125 cal. cada una

Una colorida mezcla de verduras tiernas y crocantes para acompañar arroz o fideos.

Ingredientes:
2 tazas de champignones frescos fileteados. 1 taza de apio picado. 1 cebolla mediana picada. 1/2 taza de ají picado. 2 cucharadas margarina. Agua. $1^{1/2}$ cucharada de fécula de maíz. 3 cucharadas de salsa de soja. 3 cucharaditas de caldo de carne instantáneo. 1/2 cucharadita de

polvo de jengibre. 1/4 cucharadita de polvo de ajo. 2 tazas de brotes de soja frescos. 2 tazas de arvejas congeladas. 1 pimiento picado.

1- Colocar juntos los champignones, el apio, la cebolla, el ají y la margarina. Taparla.
2 - Cocinar en HIGH 3-4 min. o hasta que las verduras estén tiernas-crocantes. Pasar el líquido de cocción en un bowl para M.W. Agregarle agua hasta tener 1 taza. Añadir la fécula, la salsa de soja, el caldo, el jengibre y el polvo de ajo. Batir bien.
3- Cocinar en HIGH, destapado, 3-3$^{1/2}$ minutos o hasta que la salsa hierva y se espese, revolviendo una vez. Agregar a las verduras cocidas. Incorporar también los brotes de soja, las arvejas y el morrón. Mezclar bien. Tapar la cacerola.
4- Cocinar en HIGH 6-8 min o hasta que esté caliente, revolviendo una vez. Si lo desea, sirva el chow mein sobre fideos o arroz.

Consejito:
Para adicionar proteínas, agregar 220 gr. de tofú en el paso 3.

VERDURAS A LA FETTUCINE

4 porciones / 315 cal. cada una

¡Los fettuccini nunca fueron tan ricos! Brócolis y tomates le dan color, sabor y los nutrientes necesarios a este plato de entrada sin carne.

Ingredientes:
220 gr. de fideos fettuccini. 3 cebollas de verdeo, picadas. 2 dientes de ajo picados. 3 tazas de brócoli cortados. 1 cucharada de agua. 1/2 cucharadita de sal. 3/4 cda. de albahaca. 1/4 cda. de orégano. 1 tomate cortado en triángulos. 3 cucharadas de queso parmesano. 2 cdas. de leche descremada. 1 cucharada de margarina.

1- Cocinar los fideos. Escurrir y enjuagar con agua fría. Dejar a un costado.

2- Colocar las cebollas, los ajos, los brócolis, el agua, la sal, la albahaca y el orégano en una cacerola para M.W. Taparla.

3- Cocinar en HIGH 6-7 min. o hasta que las verduras estén verde brillante, revolviendo una vez. Agregarle el tomate, el queso, la leche, la margarina y los fideos. Mezclar suavemente. Tapar.

4- Cocinar en HIGH 2-3 min. o hasta que esté bien caliente, revolviendo una vez.

Consejito:
Se puede usar también fideos spaghetti.

ALCAUCILES RELLENOS DE SALMÓN

4 porciones / 205 cal. cada una
Alcauciles rellenos de salmón con salsa de pepinos.

Ingredientes:
1/2 taza de yogur natural. 2 cucharadas de mayonesa o condimento para ensalada. 1 taza de

pepinos picados. 1/4 taza de cebolla de verdeo cortaditas. 1 lata de salmón. 4 alcauciles chicos. Limón. 1/4 taza de agua.

1- Mezclar bien el yogur, la mayonesa, los pepinos y las cebollas de verdeo. Refrigerar. .

2- Escurrir el salmón. Deshacer con un tenedor. Enfriar.

3- Cortarle las puntas a los alcauciles (alr. de 2,5 cm.); emparejar los fondos y quitarles las hojas secas o feas. Quitar las partes espinosas de las hojas exteriores con la tijera de la cocina. Frotar las hojas con un limón cortado para evitar su oscurecimiento.

4 - Colocar los alcauciles en un bols para M.W. Agregar el agua. Cubrir con plástico adherente.

5 - Cocinar en High 14-16 min. o hasta que las hojas se puedan separar fácilmente y los fondos sean blandos para el tenedor.

6- Enfriar lo suficiente como para manipular. Entonces quitar la parte espinosa del centro de los alcauciles con una cuchara, ahuecándolos por las puntas.

7- Refrigerar. Para servir, colocar con una cuchara el salmón enfriado en el centro de cada alcaucil, vertiendo encima la salsa de pepinos.

Consejitos:
La salsa de pepinos se puede utilizar como condimento para ensaladas.

LASAGNAS DE BRÓCOLIS

6 porciones / 320 cal. cada una

Núnca extrañará la carne con esta receta sabrosa que combina el brócoli con los ingredientes favoritos de las lasagnas.

Ingredientes:
6 lasagnas precocidas. 1 atado de brócolis (alrededor de 4 tazas). 1 cebolla mediana picada. $1^{1/2}$ taza de queso cottage bajas calorías. 1 huevo batido ligeramente. 1 frasco de salsa spaghetti. 2 tazas de queso mozzarella desmenuzado.

1- Cortar los brócolis en trocitos pequeños hasta tener 4 tazas. Mezclarlos con la cebolla en un recipiente grande para M.W. Cubrir con plástico adherente.

2- Cocinar en HIGH 10-12 min. o hasta que estén tiernas y crocantes. Escurrir. Agregar el queso cottage y el huevo.

3- Colocar una taza de la salsa spaghetti en una fuente para M.W. de 20x30 cm. Poner en el fondo 3 masas de lasagnas; verter encima toda la mezcla de queso cottage, bien parejita. Esparcir 1 taza de mozzarella y tapar con las 3 lasagnas restantes. Echar encima el resto de la salsa y cubrirlas con papel manteca.

4- Cocinar en HIGH 14-16 min. o hasta que se caliente bien. Colocar sobre las lasagnas el resto de la mozzarella.

6- Cocinar el HIGH, destapadas, 2 min. o hasta que la mozzarella se derrita. Dejar reposar 5-10 min. antes de cortar en cuadros para servir. Si desea gratine.

Consejito:
2 paquetes de brócolis picados y congelados, se pueden usar en lugar de los frescos. Llevar al M.W. directamente en el paso 2.

LASAGNAS POPEYE

6 porciones / 340 cada una

Ingredientes:
6 lasagnas precocidas. 1 cebolla mediana picada. 1 diente de ajo picado. 1 lata de salsa de tomate. 1 lata de puré de tomate. 3/4 taza de agua. 1 cucharada de caldo de carne instantáneo. 1 cucharadita de azúcar. 1/2 cucharadita de albahaca. 1/2 cucharadita de orégano. 1/4 cucharadita de pimienta. 340 gr. de espinacas frescas (alred. de 3 tazas). 2 tazas de queso cottage bajas calorías. 2 huevos. 3 tazas de queso mozzarella. 1 desmenuzado (340 gr.). 1/3 taza de queso parmesano.

1- Mezclar el agua, la cebolla y el ajo en una cacerola grande para M.W.

2- Cocinar en HIGH, destapada, 3- $3^{1/2}$ min. hasta que estén tiernos, revolviendo una vez. Agregar la salsa y el puré de tomate, el agua, el caldo, el azúcar, la albahaca, el orégano y la pimienta. Tapar la cacerola.

3- Cocinar en HIGH 6-7 min. hasta que la salsa hierva algunos minutos, revolviendo una vez. Dejar a un costado.

4- Lavar la espinaca y quitarle los tallos más largos. Ponerlas en una cacerola grande para M.W. Cubrir con plástico adherente.

5- Cocinar en HIGH $3^{1/2}$-4 min. Escurrir el agua presionándolas bien. Cortarlas con cuchillo o tijeras de cocina. Agregar el queso cottage y los huevos.

6- Colocar las lasagnas en el fondo de una fuente para M.W. Cubrir con la mitad de la salsa, toda la mezcla de espinacas, 2 tazas de mozzarella y tapar con la otra mitad de las lasagnas. Echar encima el resto de la salsa. Cubrir con papel manteca.

7- Llevar al M.W. y en HIGH mantener 5 min. Luego pasar a MEDIO-HIGH-70% de 12 a 15 min. o hasta que se caliente en el centro. Sacar el papel y esparcir con la taza de mozzarella restante.

8- Llevar al horno, destapado y dejar 2 min. en HIGH hasta que el queso se derrita. Dejar reposar 5-10 min. antes de cortarlas para servir.

Consejitos:
En el paso 7 a temperatura máxima, cocinar de 7 a 12 min. Luego descansar 5'. Las espinacas frescas se pueden sustituir por las picadas congeladas; utilizar un paquete y cocinar en su envase $3^{1/2}$-$4^{1/2}$ min. o hasta que se descongelen. Omitir el cocimiento del paso 5.

Las lasagnas pueder prepararse con anticipación y refrigerar. Para calentarlas, aumentar en el paso 7-10 min. en temperatura máxima y 15-17 min. en 70% de la temperatura.

LASAGNAS DE TRIGO INTEGRAL

6 porciones / 325 cal. cada una

En esta versión nutritiva y sabrosa de lasagnas, se combinan el tofú, la acelga fresca y el trigo integral.

Ingredientes:
6 lasagnas (masa) de trigo integral precocidas.
500 gr. de acelga fresca (alr. de 5 tazas). 1 lata

de tomates enteros con su líquido. 1 lata de puré de tomates. 1 cda. de cebolla picada. 1/2 cucharadita de sal. 1 cucharadita de condimento italiano. 450 gr. de tofú escurrido y desmenuzado. 1 taza de queso mozzarella desmenuzado. 1/4 taza de queso parmesano. 1 huevo ligeramente batido. 1 cda. de hojas de perejil.

1- Lavar la acelga y colocar en una cacerola grande para M.W.. Taparla

2- Cocinar en HIGH 6 min. o hasta que estén tiernas. Sacar la acelga (guardar 1/2 taza del líquido de cocción, agregándole agua o tirando el exceso, según sea necesario). Agregar los tomates cortados en cuartos. Luego incorporar el puré de tomates, la cebolla, la sal y el condimento italiano. Dejar a un costado.

3- Cortar las acelgas en trocitos pequeños. Mezclar el tofú, las acelgas, 3/4 taza de mozzarella, el queso parmesano, el huevo el perejil. Verter 1 taza de la mezcla de tomates bien desparramada en una fuente para M.W. Colocar 3 lasagnas sobre la salsa.

4- Colocar la mitad de la mezcla de tofú sobre la masa. Luego 1 taza de salsa y tapar con las tres lasagnas. Arriba el resto del tofú y de la salsa de tomate. Cubrir con plástico adherente.

5- Cocinar en HIGH 12 min. luego pasar a MEDIO (50%) de 14 a 16 min. o hasta que esté caliente. Esparcir el resto de la mozzarella.

6- Llevar al M.W. destapadas para derretir la mozzarella durante $1^{1/2}$ a 2 min. en máximo. Dejar reposar 5 min. antes de cortar en cuadrados para servir.

Ser bueno es fácil, lo difícil es ser justo.

Consejito:
Quitar el líquido del tofú pero no exprimirlo. La masa de las lasagnas comunes se pueden utilizar para esta receta. Aunque en el mercado ya hay tapas de harinas integrales.

CAZUELA DE REPOLLO CON ARROZ

5 porciones / 310 cal. cada una

Aquí tenemos un delicioso plato principal para una comida sin carne.

Ingredientes:
1 repollo mediano. 2 cucharadas de margarina. 1 cebolla chica picada. 1 cucharadita de sal. 1/4 cucharadita de pimienta. 2 cucharadas de fécula de maiz. 2 tazas de leche descremada. $1^{1/4}$ taza de arroz de rápido cocimiento. 3/4 taza de agua. 1/2 cucharadita de mostaza. 1 taza de queso Cheddar desmenuzado. Páprika.

1- Quitar el centro al repollo. Envolver ajustadamente con plástico adhererte y colocarlo en una fuente de 20x30 cm.
2- Cocinar en HIGH, 7-8 min. o hasta que este tierno y crocante. Dejar a un lado.
3- Colocar la margarina y la cebolla en un recipiente para M.W..
4- Cocinar en HIGH, destapado, 2-3 min. o hasta que la cebolla esté parcialmente cocinada. Mezclarle la sal, la pimienta y la fécula. Agregar la leche.

5- Cocinar en HIGH, destapado, 5-6 min. o hasta que la mezcla hierva revolviendo una vez. Incorporar el arroz crudo, el agua, la mostaza y 1/2 taza de queso.

6- Separar las hojas de repollo; cortar cada una en pedazos de 2,5 cm. Colocar la mitad del repollo en una fuente para M.W. de 20x30 cm. Cubrir con la mitad de la salsa, el resto del repollo y de la salsa. Cubrir con plástico adherente.

7- Cocinar en HIGH 10-12 min. o hasta que esté caliente parejamente. Destapar y esparcir con el resto del queso y la páprika.

8- Llevar al horno y en HIGH tenga 2-3 min. destapado o hasta que el queso se derrita.

La vida es para una vez y por ello
debemos estar atentos mientras la recorremos.
Jorge Manrique.

CAPÍTULO 5
LAS ENSALADAS
HACEN UNA COMIDA

Las frutas y las verduras poseen un alto porcentaje de fibras, las cuales tienen un gran poder de saciedad y por esta razón suelen satisfacernos. Escoja algunas hortalizas frescas y agrégueles algún tipo de fruta, queso, huevo duro, carne, aves, pescado, brotes o nueces y verá como puede preparar ura comida sustanciosa a base de una ensalada. Las ensaladas en este capítulo son muy sustanciosas y pueden, comerse solas o acompañadas por una sopa, un sandwich o pan. Las ensaladas mas livianas para servir como acompañamientos de una carne están incluídas en el Capítulo 9 "Acompañamientos" o "Guarniciones".

Cuando seleccione las verduras de hoja, tenga presente que cuando más oscuras sean, mayor valor nutritivo poseerán. Utilice espinacas, berro, hojas de lechuga, lechuga romana, escarola, endibia, en lugar de o en combinación con lechuga arrepollada.

Sirva las ensaladas con condimentos livianos (ver Capítulo 9 para ideas de bajas calorías) o con jugo de limón o vinagre aromatizado. Utilizando una cantidad razonable de condimentos para las ensaladas, ayuda a mantener bajas las calorías.

No olvide que al consumirlas frescas estará aprovechando todos sus principios nutritivos que la cocción (en mayor grado el hervido y en menor grado la cocción a vapor), colabora con la disolución y consecuente pérdida de sus minerales y vitaminas.

ENSALADA DE BRÓCOLI CON POLLO

5 porciones / 305 cal. cada una

Una combinación deliciosa de brócoli, pollo, apio y aceitunas con un condimento cremoso.

Ingredientes:
1 pechuga de pollo completa trozada (alr. 450 gr.). 1 paquete de brócolis frescos o congelados. 2 cucharadas de agua. 1 huevo duro picado. 1/2 taza de apio picado. 1/4 taza de aceitunas picadas. 1/2 yogur natural. 1/4 taza de mayonesa o condimento para ensaladas. 1/2 cucharadita de sal. 1/2 cucharadita de hojas de eneldo.

1- Colocar el pollo sin la piel en una asadera de 20 cm. de diámetro. Cubrir con papel manteca.

2- Cocinar en HIGH 7-8 min. o hasta que el pollo esté tierno. Destapar y enfriar. Lavar y escurrir el brócoli.

3- Cortar las puntas del brócoli hasta 10 cm; descartar los troncos. Cortar el brócoli en trozos chicos (alr. de 4 tazas). Colocarlos en una cacerola para M.W. Agregar el agua. Tapar la cacerola.

4- Cocinar en HIGH 8 min. o hasta que esté verde brillante y crocante-tierno, revolviendo una vez . Escurrir, destapar y enfriar.

5- Cortar el pollo en trocitos pequeños; añadir al brócoli. Agregar el huevo, el apio, la cebolla y las aceitunas; mezclar suavemente. Mezclar bien el yogur, la mayonesa, la sal, el eneldo y la pimienta. Incorporar este aderezo a la mezcla de brócoli cubriendo bien. Tapar y refrigerar hasta que sea servida.

Consejito:
Si prefiere puede sustituir el brócoli fresco por 2 paquetes de esa verdura picada y congelada. Llevar al M.W., en el 4to paso, de 7 a 8 minutos o hasta que se descongele y esté tierno y crocante.

ENSALADA DE VERDURAS DE LA TIERRA

6 porciones / 320 cal. cada una

Una nueva variante de ensalada de atún, sensacional para un caluroso día de verano.

Ingredientes:
1 taza de zanahoria picada. 2 cucharadas de agua. 2 tazas de champignones frescos fileteados. 1/2 taza de cebolla picada. 1 taza de arvejas congeladas. 1/2 taza almendras cortadas. 1 cucharadita de margarina. 1 lata de atún en agua, escurrido (180 gr.). 1/2 taza de mayonesa o condimento para ensaladas. 1/2 taza de yogur natural. 1 cucharadita de jugo de limón. 2 cucharaditas de salsa de rábano picante. 1/2 cucharadita de hojas de albahaca. 1/4 cucharadita de tomillo. 1 ají verde.

1- Colocar las zanahorias con el agua en un recipiente para M.W. Tapar.

2- Cocinar en HIGH 2-3 min. o hasta que esté tierna. Agregar los champignones, la cebolla y las arvejas.
3- Cocinar en HIGH 2-3 min. o hasta que estén tiernos; escurrir. Dejar a un lado. Poner las almendras con la margarina en una tartera de 20 cm de diámetro.
4- Cocinar en HIGH destapada, 5-6 min. o hasta que estén ligeramente tostadas, revolviendo una o 2 veces. Enfriar. Agregar las verduras. Mezclar el resto de los ingredientes, excepto el ají. Enfriar.
5- Cortar el ají verde en aros. Colocar en los platos de servir. Arriba acomodar la ensalada.

ENSALADA DE SALMÓN

6 porciones / 235 cal. cada una

Sirva esta ensalada sobre aros de ají crocantes.

Ingredientes:
1/2 taza de zanahoria rallada. 2 cucharadas de agua. 225 gr de tofú, escurrido. 3 cebollas de verdeo cortadas finamente (incluidas las cabezas). 2 cucharadas de jugo de limón. 2 cucharadas de aceite. 1/4 cucharadita de sal. 1/4 cucharadota de eneldo. 1 lata de salmón (450 gr.). 1/2 taza de pepinos picados. 1 ají rojo grande sin semillas. Perejil.

1- Poner la zanahoria y el agua en un recipiente chico para M.W. Cubrir con envoltura plástica.
2- Cocinar el HIGH 2-3 min. o hasta que esté tierna. Escurrir. Dejar a un lado.

3- Colocar en la procesadora el tofú, las cebollas, el jugo de limón, el aceite, la sal y el eneldo. Procesar hasta obtener una crema. Escurrir el salmón; quitar las espinas. Mezclar suavemente el salmón, la mezcla de tofú, los pepinos y las zanahorias.

4- Cortar el ají en 12 aros delgados. Acomodar 2 aros de ají en cada plato. Verter la mezcla de salmón sobre el ají. Adornar con perejil.

ENSALADA DEL MAR DEL NORTE

6 porciones / 165 cal. cada una

Esta es una sabrosa ensalada de pescado con almendras, naranjas, uvas y verduras de hoja.

Aderezo:
1 taza de naranjas en gajos. Agua. 1/4 taza de jugo de limón. 1 cucharada de fécula de maíz. 1/2 cucharadita de caldo de gallina instantáneo. 1/2 cucharadita de estragón.

Ensalada:
1/4 taza de pistachos cortados. 2 cucharaditas de margarina. 500 gr. de filetes de abadejo (bacalao). 1 cucharada de jugo de limón. 1 taza de apio picado. 1 taza de uvas negras sin semilla, cortadas. 3 cucharadas de cebolla finamente picada. 6 tazas de ensalada verde rizada.

1- Escurrir las naranjas y colocar su líquido en un recipiente para M.W. Agregar agua al jugo hasta tener 3/4 taza. Incorporar el jugo de limón, la fécula, el caldo y el estragón mezclando bien.

2- Cocinar en HIGH, destapado, 3-4 min. o hasta que hierva y se espese, revolviendo 2 veces. Luego dejar enfriar.

3- Cocinar en HIGH los pistachos con la margarina en un recipiente pequeño para M.W., 2-2$^{1/2}$ min. o hasta que estén tostadas suavemente, revolviéndolas 2 veces. Dejar a un lado y enfriar.

4- Acomodar los filetes en un recipiente. Rociar con el jugo de limón. Tapar.

5- Cocinar en HIGH 4- 4$^{1/2}$ min. o hasta que el pescado se separe en pedazos fácilmente, rotándolo una vez; escurrir y enfriar.

6- Mezclar el apio, las uvas, la cebolla y las naranjas en un bowl grande. Cortar el pescado en trozos de 2,5 cm. y agregarlo a la mezcla.

Agregar el aderezo y mezclar para cubrir bien. Llevar a la heladera. Servir sobre la ensalada verde. Espolvorear con los pistachos.

ENSALADA FÁCIL DE MACARONI CON ATÚN

4 porciones / 305 cal. cada una

Trocitos de macarrones combinados con atún y castañas al natural.

Ingredientes:

2 tazas de macarrones para sopa cocidos. 1 lata de atún en agua, escurrido (180 gr.). 1/4 taza de mayonesa o aderezo para ensaladas. 1/4 taza de

yogur natural. 1/4 taza de apio picado. 1/4 taza de queso Cheddar cortado. 1 cebolla de verdeo cortada finamente (con la cabecita). 1/2 cucharadita de eneldo.

1- Mezclar todos los ingredientes restantes; incorporar los fideos macarrones cocidos. Tapar y refrigerar hasta el momento de servir.

ENSALADA NICOSIA

6 porciones / 90 cal. cada una

Vegetales condimentados con vinagre. Añadir atún (ver consejito) para una variante más sustanciosa.

Ingredientes:
2 tazas de papas cortadas en cubitos. 2 cucharadas de agua. 1 paquete de arvejas congeladas. 4 aceitunas picadas. 1/3 taza del líquido de las aceitunas. 1/4 taza de vinagre de vino. 1 cucharada de aceite. 1 cucharada de salsa Worcestershire. 1/4 cucharadita de ajo en polvo. 1 tomate mediano picado. 1 ají verde picado. 1/2 taza de cebolla roja finamente picada. 1/4 cucharadita de sal. Pimienta a gusto. Lechuga cantidad necesaria.

1-Colocar las papas y el agua en una cacerola para M.W. Taparla.
2- Cocinar en HIGH 4-5 min o hasta que estén casi tiernas. Incorporar las arvejas. Tapar nuevamente.

3- Cocinar en HIGH 3-4 min. o hasta que las arvejas estén descongeladas. Colarlas y dejar enfriar.

4-Agregar las aceitunas, su líquido, el vinagre, el aceite, la salsa y el ajo en polvo; mezclar bien. Tapar y refrigerar por lo menos 2 horas.

5- Agregar el tomate, el ají, la cebolla la sal y la pimienta. Mezclar suavemente. Servir sobre lechuga.

Consejito:
Para una ensalada más vigorosa, agregar una lata de atún al natural de 180 gr., escurrido, en el 4to paso.

ENSALADA DE PAPAS ALEMANA

5 porciones / 265 cal. cada una

Esta ensalada alemana de papas, puede ser una comida en sí misma o bien un placentero acompañamiento de otra comida. Para los momentos de apuro prepare la ensalada algunas horas antes y caliéntela en el momento de servir.

Ingredientes:
4 papas medianas. 1 tajada de panceta. 1 cebolla chica picada. 2 cucharadas de azúcar. 1$^{1/2}$ cucharadita de fécula de maíz. 1 cucharadita de caldo de carne instantáneo. 1/2 cucharadita de sal. 2 cucharaditas de cebollines picados. 1/4 taza de vinagre. 1/2 taza de agua. 6 salchichas ahumadas bajas calorías cortados en trocitos de 6 mm.

La imaginación es más importante que el conocimiento.
Albert Einstein.

1- Pelar y cortar las papas. Colocarlas en una cacerola grande para M.W. Taparla.

2- Cocinar en HIGH 9-11 min. o hasta que las papas estén tiernas, revolviendo una vez. Dejar a un costado.

3- Cortar la panceta y colocarla con la cebolla en un recipiente chico para M.W.

4- Cocinar en HIGH 21/2-31/2 min. o hasta que esté hecha la panceta, revolviendo una vez.

5- Incorporar el azúcar, la fécula, el caldo, la sal, los cebollines, el vinagre y el agua.

6- Cocinar en HIGH, destapado, 2-3 min. o hasta que la mezcla hierva, revolviendo 2 veces. Agregrar a las papas junto con las salchichas. Mezclar suavemente. Tapar.

7- Llevar al horno microondas para calentar 4-5 min.

Consejito:
Esta ensalada puede prepararse con anticipación hasta el 4° paso. Aumentar el tiempo en el paso 7° a 6-8 minutos.

ENSALADA SIMPLE DE PAPAS CON JAMÓN

4 porciones / 205 cal. cada una

Estas papas cortadas congeladas facilitan la preparación de esta ensalada.

Ingredientes:
450 gr. de papas cortadas, congeladas (el paquete). 250 gr. de jamón en cubitos cocinado y desgrasado. 1/3 taza de apio picado. 1 cebolla

de verdeo cortadita (incluida la cabecita). 3/4
taza de yogur natural. 1 cucharada de aderezo
para ensalada estilo ranch.

1- Cocinar en HIGH las papas en una cacerola tapada durante 10-12 min. o hasta que estén descongeladas y tiernas, revolviendo una o dos veces. Escurrir.
2- Agregar el jamón, el apio y la cebolla de verdeo a las papas. Mezclar juntos el yogur y el aderezo. Incorporar a la mezcla de papas; revolver bien. Tapar y refrigerar hasta que esté bien fría.

ENSALADA DE MACARONI CON TOFÚ

6 porciones / 300 cal. cada una

El tofú es un ingrediente que se está utilizando cada vez más en las comidas. Es similar al queso en apariencia y se prepara a base de soja, siendo un nutritivo sustituto de la carne. Cuando se combina con macarrones y verduras frescas hacen un plato delicioso de bajas calorías.

Ingredientes:
200 gr. de macarrones ($1^{1/2}$ tazas). 2 cucharadas de margarina. 1 cucharadita de salsa de soja. 1/2 cucharadita de sal de ajo. 45 gr. de tofú. escurrido y cortado en cubitos. 1/2 taza de apio picado. 1/2 taza de ají verde picado. 1 taza de brotes de alfalfa. 2 cebollas de verdeo cortadas. 2 cdas de pimiento rojo picado. 1/2 taza de queso Cheddar desmenuzado. 1/4 taza de aderezo de pepinos cremoso. 1/2 taza de yogur natural.

1- Cocinar los macarrones. Colarlos y enjuagarlos con agua fría. Dejar a un costado.
2- Cocinar en HIGH la margarina en un recipiente para M.W. por 30-45 segundos o hasta que se derrita. Agregar la salsa de soja y la sal de ajo. Agregar el tofú; mezclar suavemente para cubrir.
3- Cocinar en HIGH, destapada, $1^{1/2}$-2 min. o hasta que se caliente. Dejar a un lado.
4-Mezclar el resto de los ingredientes en una ensaladera grande. Agregarle los fideos y la mezcla de tofú. Enfriar hasta servir.

Consejito:
Esta ensalada se puede servir también tibia. Después del mezclado en el paso 4°cocinar en HIGH destapada, 2-3 min. o hasta que el calor se distribuya, revolviendo una vez.

ENSALADA COLORIDA DE TRIGO

4 porciones / 110 cal. cada una

El trigo burghol tiene un sabor a nuez y aspecto de arroz y va muy bien con verduras frescas para una ensalada fría.

Ingredientes:
1/2 taza de trigo burghol. 1 taza de agua. 1/2 cucharadita de sal. 1 taza de zanahorias ralladas. 2 tazas de brócoli en trozos. 4 cebollas de verdeo cortadas. 1/2 taza de apio picado. 1/2 taza de yogur natural. 1 cucharada de azúcar. 1/4 cucharadita de mostaza Dijon o preparada.

1- Colocar el trigo con el agua y la sal en un recipiente para M.W.

2- Cocinar en HIGH, tapada, 7-8 min. o hasta que la mayor parte del agua sea absorbida. Incorporar las zanahorias y el brócoli. Tapar la cacerola.

3- Cocinar en HIGH 4-4$^{1/2}$ min. o hasta que las verduras estén tiernas, revolviendo una vez. Dejar en reposo, tapada, 5 minutos. Destapar y enfriar.

4- Agregar el resto de los ingredientes; mezclar suavemente. Tapar y enfriar hasta servir.

Consejito:

Varíe esta interesante ensalada sustituyendo las verduras por sus favoritas y/o agregando jamón cocinado, pollo o atún en el paso 4°.

ENSALADA DE SPAGHETTIS

6 porciones / 275 calor. cada una

Pruebe esta colorida combinación de verduras mixtas con spaghettis.

Ingredientes:

200 gr. de spaghettis. 2 tazas de brócolis en trozos. 2 tazas de ramitos de coliflor. 1 longaniza fileteada cortadas en cuartos. 3 cebollas de verdeo cortadas finamente. 1 tomate picado. 1 taza de condimento italiano de bajas calorías. 1/2 taza de ajíes verdes picados. 1/4 taza de aceitunas fileteadas. 2 cucharadas de condimento para ensaladas (Ensalada suprema).

1- Partir los spaghettis en trozos de 7, 5 cm. de largo. Cocinarlos. Enjuagar en agua fría. Colar. Dejar a un costado.
2- Colocar la coliflor y los brócolis en un recipiente para M.W. Tapar.
3- Cocinar en HIGH 5$^{1/2}$-6 min. o hasta, que el brócoli este verde brillante, tierno y crocante. Escurrir y enfriar.
4- Incorporar los pepperoni, la cebolla, el tomate, las aceitunas, el condimento, el ají y el aderezo a los brócolis. Mezclar bien. Añadir los spaghettis revolver para cubrir con los condimentos los fideos. Tapar y refrigerar hasta que se enfríe bien.

ENSALADA DE ARROZ INTEGRAL

6 porciones / 290 calor. cada una

Una ensalada sabrosa para un almuerzo o una cena.

Ingredientes:
3/4 taza de arroz integral lavado. 2$^{1/4}$ tazas de agua. 1 pechuga de pollo completa trozada (alr. de 450 gr.). 2 tazas de champignones frescos fileteados. 1 taza de apio finamente cortado. 1 taza de uvas negras sin semilla cortadas en mitades. 1/2 taza de yogur natural. Aderezo para ensaladas estilo "ranch" a gusto. 2 cucharaditas de caldo de gallina instantáneo.

1- Colocar el arroz con el agua en un recipiente para M.W. Taparla.
2- Cocinar en HIGH 8-10 min. o hasta que hierva, o

hasta que absorba el agua y el arroz esté tierno. Destapar y enfriar. 3- Colocar el pollo en una asadera de 20 cm. de diámetro. Tapar con papel manteca. 4- Cocinar en HIGH 7-8 min. o hasta que el pollo esté tierno. Enfriar. 5- Mezclar el arroz, los champignones, el apio y las uvas. Revolver suavemente. Mezclar el yogur, el aderezo y el caldo. Dejar a un lado. Cortar el pollo frío en cubitos y añadirlos a la mezcla de arroz. Agregar los condimemtos al arroz con pollo. Tapar y refrigerar.

ENSALADA DE KANIKAMA

6 porciones / 240 cal. cada una

Una gustosa ensalada que se puede preparar el día anterior. Mezcle suavemente y sírvala.

Ingredientes:
2 tazas de ramitos de coliflor cortados y cocidos. 6 tazas de espinacas frescas sin tallos. 1 paquete de carne Kanikama enjuagada y escurrida cortada en rodajas finitas. 2 cebollas rojas cortadas. 1/2 taza de yogur natural. 1/4 taza de mayonesa o aderezo para ensaladas. 1/4 taza de queso parmesano. 1 cucharada de azúcar. 1/2 taza de queso cheddar desmenuzado.

1- Trozar las espinacas. Colocarlas en un bowl de vidrio para servir. Sobre ellas hacer capas de coliflor, Kanikama y cebollas. Aparte mezclar el yogur, la mayonesa, el queso parmesano y el azúcar. Verter esta mezcla sobre la ensalada; esparcir para cubrirla. Espolvorear el queso Cheddar. Tapar y llevar a la heladera por toda la noche. Revolver suavemente antes de servir.

ENSALADA DE CAMARONES CON FIDEOS

6 porciones / 200 cal. cada una

Una combinación única con un aire oriental.

Ingredientes:
3 tazas de fideos cocidos. 1 paquete de chauchas congeladas. 1 taza de mandarinas en gajos. 3 cebollas de verdeo cortadas finamente (incluidas las cabezas). 1 paquete de camarones cocinados congelados enjuagados y escurridos (280 gr.). 2 cucharadas de jerez seco. 2 cucharadas de salsa de soja. 2 cucharaditas de caldo de gallina instantáneo. 1 cucharadita de fécula de maíz. 1/4 cucharadita de jengibre.

1- Cortar los fideos en trozos chicos.

2- Cocinar las chauchas en su paquete 3-4 min. en HIGH, o hasta que se descongelen. Enjuagar, escurrir y cortarlas en trocitos. Escurrir las mandarinas reservando 1/4 de su líquido. Incorporar las chauchas, las cebollas y los camarones a los fideos. Dejar a un costado.

3- En un bowl pequeño, mezclar el líquido de las mandarinas, el jerez, la salsa de soja, el caldo, la fécula y el jengibre.

4- Cocinar en HIGH, destapado, 1-1$^{1/2}$ min. o hasta que la mezcla hierva y se espese, revolviendo una vez. Mezclar suavemente con la preparación de fideos. Tapar y refrigerar hasta servir.

ENSALADA DE ESPINACA

5 porciones / 150 cal. cada una

Un delicado aderezo que dá un sabor especial a esta ensalada.

Ingredientes:
2 paquetes de espinaca fresca. 6 cebollas de verdeo cortadas. 6 rabanitos fileteados. 2 huevos duros. 2 fetas de panceta. 1$^{1/2}$ cucharadas de azúcar. 3 cucharadas de vinagre. 1 cucharada de agua. 1/2 cucharadita de sal. 1/4 cucharadita de pimienta.

1- Lavar las espinacas. Cortarlas en trozos del tamaño de un bocado. Agregar las cebollas y los rabanitos. Refrigerar ajustadamente tapados. Pelar y cortar finamente los huevos.

2- Cocinar en HIGH la panceta tapada con papel para M.W., en un recipiente chico para M.W. de 3 a 4 minutos o hasta que esté crocante. Sacar la panceta; dejar a un costado. Agregar el resto de los ingredientes.

3- Cocinar el HIGH, destapado, los condimentos 45-60 seg. o hasta que la mezcla hierva. Verter sobre las verduras en una ensaladera; revolver suavemente. Cubrir con las rodajas de huevo duro y espolvorear con la panceta.

Consejito:
Para hacer con anticipación, prepare hasta el 2° paso.
Complete el 3°, momentos antes de servir.

ENSALADA MEXICANA

6 porciones / 240 cal. cada una

Carne picantita y caliente combinada con lechuga, verduras frescas y bocaditos de taco crocantes hacen una deliciosa ensalada para servir como plato principal.

Ingredientes:
250 gr. carne magra picada. 1 lata de salsa de tomate. 1/2 paquete (3 cucharadas) de sopa de cebollas seca. 1 cucharadita de polvo de chile. 1 planta de lechuga mediana, cortada en trozos. 2 tomates medianos picados. 1 palta pelada y cortada. 1/2 taza de queso Cheddar desmenuzado. 1 taza de pedacitos de taco picados gruesos.

1- Desmenuzar la carne picada en un cacerola de 1 litro para M.W.

2- Cocinar en HIGH, destapada, $2^{1/2}$-3 min. o hasta que la carne esté lista, revolviendo una vez. Incorporar la salsa de tomate, la sopa de cebolla y el polvo de chili. Tapar el recipiente.

3- Cocinar en HIGH 5-6 min. o hasta que el calor se distribuya bien. Dejar a un lado.

4- Mezclar la lechuga, los tomates, la palta, el queso en una ensaladera grande. Revolver suavemente. Incorporar la mezcla de carne tibia; revolver. Esparcir con los pedacitos de taco; servir de inmediato.

Consejito:
Como la ensalada es mejor recién preparada, agregue la carne caliente sólo a las porciones a utilizar. El resto de la preparación puede ser corservado para el día siguiente. Al momento de incorporar la carne a la ensalada vuelva a calentarla.

ENSALADA MARINADA

5 porciones / 70 cal. cada una.

La coliflor y el brócoli son parcialmente cocinados hasta tiernizarse y luego añadidos a una ensalada marinada. El vinagre se agrega justo antes de servir.

Ingredientes:
3 tazas de ramitos de coliflor. 3 tazas de brócoli fresco. 2 cucharadas de agua. 1/2 taza de aceite. 1/2 cucharadita de sal. 1/2 cucharadita de orégano. 1/4 cucharadita de pimienta. 1 diente de ajo picado. 6 cebollas de verdeo cortaditas. 6-8 rabanitos cortaditos. 1 pepino mediano cortado fino. 1/4 taza de vinagre de vino o aromatizado con estragón. Ensaladas (opcional).

1- Cortar la coliflor y el brócoli en trocitos. Colocarlos en una cacerola grande para M.W. Añadir el agua. Taparla.

2- Cocinar en HIGH 8-9 minutos o hasta que estén tiernos y crocantes. Escurrir y enfriar ligeramente. Mezclar el aceite, la sal, el orégano, la pimienta y el ajo. Incorporar a las verduras y mezclar suavemente. Tapar y refrigerar toda la noche.

3- En el momento de servir agregar las cebollas, los rabanitos, el pepino y el vinagre; mezclar suavemente. Escurrir el exceso de la marinada. Servir en ensaladera o sobre ensalada verde.

ENSALADA DE CORNED BEEF MOLDEADA

6 porciones / 70 cal. cada una

Una ensalada con carne con un fresco sabor a limón.

Ingredientes:
1/4 taza de jugo de limón. 1 paquete de gelatina sin sabor. 1/2 taza de yogur natural. 1 taza de apio picado. 1 taza de pepino picado. 1/4 taza de cebolla picada. 1 lata de corned beef picado finamente. 1/2 cucharadita de rábano picante. Sal a gusto. Lechuga.

1- Calentar en HIGH el jugo de limón en un recipiente para M.W. 2-3 minutos o hasta que hierva. Añadir la gelatina; mezclar para disolverla bien, como indica el envase.

2- Agregar el resto de los ingredientes; mezclar bien. Colocar en 6 moldes individuales o en un molde mediano. Refrigerar hasta que esté hecha, alrededor de 3 horas. Invierta desmoldándolas sobre lechuga.

Consejito:
Se puede utilizar gelatina común de limón.En ese caso, las calorías aumentarán alrededor de 50 por porción.

Todo lo que, se come sin necesidad, se roba del estómago de los pobres.
Mahatma Gandhi.

CAPÍTULO 6
VEGETALES

Los vegetales son muy importantes para una dieta liviana debido a su bajo contenido calórico, su excelente contenido en fibras y un alto valor nutritivo. Se cocinan en contados minutos en el microondas y a la perfección, reteniendo intactos su fresco sabor, apariencia y nutrientes. Lo cual significa que no necesitará utilizar cantidades extras de manteca, salsas o sal para lograr un buen sabor. Las recetas que incluimos en este capítulo son muy sencillas de elaborar. Algunas de ellas indican verduras frescas mientras que otras lo hacen con verduras congeladas. Generalmente ambas pueden intercambiarse con un simple ajuste en los tiempos de cocción.

HABAS EN CONSERVA CON CHAMPIGNONES Y CASTAÑAS AL NATURAL

5 porciones / 70 cal. cada una

Una salsa de champignones suave cubre esta sabrosa combinación de verduras.

Ingredientes:
2 tazas de champignones frescos fileteados.
1 cucharada de margarina. 1/4 taza de leche

descremada. 1 cucharada de salsa de soja. 2 cucharaditas de fécula de maíz. 1 cucharadita de sal saborizada. 1 paquete de habas. 1 lata de castañas al natural, escurridas.

1- Poner los champignones con la margarina en un recipiente para M.W. Taparla.

2- Cocinar en HIGH 3-4 min. o hasta que los champignones estén tiernos. Incorporar la leche, la salsa de soja, la fécula y la sal, mezclando bien.

3- Cocinar en HIGH, destapado, 2-3 min. o hasta que la mezcla hierva y se espese, revolviendo una vez. Agregar las habas y las castañas. Mezclar suavemente. Tapar la cacerola.

4- Llevar al horno a microondas y en HIGH mantener 4-6 min. o hasta que el calor se distribuya bien, revolviendo una vez.

HABAS AL ESTILO ESPAÑOL

6 porciones / 50 cal. cada una

Una gustosa variante de habas en conserva.

Ingredientes:
2 fetas de panceta. 1/4 taza de cebolla picada. 1 lata de tomates natural. 1/4 taza de ajíes verdes picados. $1^{1/2}$ cucharada de fécula de maíz. 500 gr. de habas cocidas. 1 cucharadita de azúcar. Pimienta a gusto.

1- Cortar la panceta el trocitos de 2,5 cm.; colocarlos

en una cacerola apta paxa M.W. de 1 litro. Agregar la cebolla y cubrir

2- Cocinar en HIGH $3^{1/2}$-$4^{1/2}$ min. o hasta que la cebolla esté tierna. Escurrir.

3- Incorporarle el líquido de los tomates, escurriendo bien. Agregar el ají y la fécula de maíz mezclando bien.

4- Cocinar en HIGH, destapada, 3- $3^{1/2}$ min. o hasta que la mezcla hierva y se espese revolviendo una vez. Agregar los tomates, cortados en, trocitos, las habas, el azúcar y la pimienta.

5- Cocinar en HIGH, destapada, 5-6 min. o hasta que el calor se distribuya bien.

HABAS SAZONADAS CON ENELDO

4 porciones / 50 cal. cada una

Ingredientes:
1 paquete de habas congeladas. 2 cucharadas de agua. 1/2 taza de yogur natural. 2 cucharaditas de condimento para ensaladas estilo ranch. 1 cucharadita de eneldo. Pimienta a gusto.

1- Colocar las habas en una cacerola para M.W. con el agua. Taparla.

2- Cocinar en HIGH 6-8 minutos o hasta que estén tiernas y crocantes. Dejar reposar 5 minutos. Escurrir. Agregar el yogur, el condimento, el eneldo y la pimienta; mezclar muy bien.

El único hombre que no se equivoca
es el que nunca hace nada.

REMOLACHAS GUSTOSAS

5 porciones / 50 cal. cada una

Este plato se acompaña con una sabrosa salsa de jugo de naranja y mostaza.

Ingredientes:
1 cebolla chica cortada finamente. 1/4 taza de jugo de naranja natural. 1 cucharada de cáscara de naranja rallada. 1 cuchadadita de salsa Worcestershire. 1/2 cucharadita de fécula de maíz. 1/4 cucharadita de sal. 1/4 cucharadita de mostaza. 500 gr. de remolachas hervidas cortadas y escurridas.

1- Colocar la cebolla, el jugo de naranja, la cáscara rallada, la salsa Worcestershire, la fécula de maíz, la sal y la mostaza en una cacerola para M.W. Taparla.

2- Cocinar en HIGH 2-3 minutos o hasta que la cebolla esté blanda. Agregar las remolachas; mezclar suavemente. Taparla nuevamente.

3- Cocinar en HIGH 3-4 minutos o hasta que las remolachas se calienten, y la salsa se espese, revolviendo una vez.

Consejito:
Cocinar las remolachas lavadas y pinchadas.
(500gr. =12 a 15 min.).

BRÓCOLIS A LA CHINA

6 porciones / 20 cal. cada una

Ingredientes:
4 tazas de de brócolis frescos. 1 cucharada de jugo de limón. 1 cucharada de salsa de soja. 1 cucharadita de semillas de sésamo.

1- Acomodar los brócolis y cortarlos en trocitos. Colocarlos en un recipiente para M.W. Taparla.

2- Cocinar en HIGH 8-9 minutos o hasta que los brócolis estén tiernos y crocantes (las florcitas).

3- Mezclar el jugo de limón, la salsa de soja y las semillas de sésamo. Verter sobre los brócolis; mezclar para cubrir bien. Servir caliente o frío.

BRÓCOLIS ESPECIALES

5 porciones / 70 cal. cada una

Brócolis con zanahorias acompañados de una salsa suave y cubos rellenos sazonados con hierbas.

Ingredientes:
3/4 taza de leche descremada. 1 cucharada de fécula de maíz. 1 cucharada de cebolla finamente picada. 1 cucharadita de caldo instantáneo de gallina. Sal y pimienta a gusto. 1 paquete de brócolis picados, congelados (280 gr.). 1/4 taza de zanahorias ralladas. 1/3 taza de yogur natural. 1/3 taza de cubos de queso con hierbas.

1- Colocar la leche, la fécula , la cebolla, el caldo y la pimienta en un recipiente para M.W.; mezclar bien.

2- Cocinar en HIGH, destapado, 3-3$^{1/2}$ min. o hasta

que hierva y se espese, revolviendo una o dos veces. Dejar a un costado. Colocar los brócolis en una cacerola para M.W., taparla.

3- Cocinar en HIGH 5-6 min. o hasta que el brócoli esté casi tierno, revolviendo una o dos veces. Escurrir. Agregar las zanahorias. Mezclar el yogur con la salsa y agregar todo a los brócolis. Tapar.

4- Cocinar en HIGH 2-3 minutos o hasta que el calor se distribuya bien. Agregar los cubitos de queso; mezclar suavemente.

Consejito:
Los brócolis picados se pueden sustituir por brotes de soja.

BUDIN DE BRÓCOLIS CON CHOCLO

6 porciones / 120 cal. cada una

El budín de choclo resulta aún mejor con el agregado de brócolis picados.

Ingredientes:
2 cucharadas de cebolla picada. 2 cucharadas de margarina. 1 paquete de brócoli picado congelado . 1 lata de choclo cremoso. 1/2 cucharadita de sal. 1/4 cucharadita de pimienta. 1/4 de taza de galletitas de agua desmenuzadas. 2 huevos batidos. 1/3 taza de leche descremada.

1- Colocar la cebolla con la margarina y los brócolis en una cacerola grande para M.W. Taparla.

2- Cocinar en HIGH 5-6 min. o hasta que los brócolis se descongelen. Agregar el resto de los ingredientes. 3- Cocinar en HIGH, tapada, 8-10 min. o hasta que el centro esté caliente. Servir.

MOLDE DE BRÓCOLIS Y COLIFLOR

6 porciones / 55 cal. cada una

Este pastel de brócolis con coliflor se hornea en el microondas es apenas unos minutos y se cubre con una deliciosa salsa de queso.

Ingredientes:
1 coliflor mediana (alr. de 6 tazas de ramitos).
Alrededor de 4 tazas de ramitos de brócoli. 2 cucharadas de queso mantecoso para esparcir.
1 cucharada de leche descremada.

1- Lavar la coliflor y el brócoli. Separar los ramitos. Acomodarlos con las florcitas hacia abajo, alternando las dos verduras, en una cacerola para M.W. Cubrir con envoltura plástica.
2- Cocinar en HIGH 12-14 minutos o hasta que estén tiernos. Quitar el papel con cuidado. Colocar la tapa de la cacerola o un plato pequeño sobre las verduras y presionar firmemente para escurrir el exceso de líquido. Invertir las verduras sobre una fuente de servir. Colocar el queso y la leche en un boul pequeño para M.W.
3- Cocinar en HIGH, destapado, 30-45 segundos o hasta que se derrita, revolviendo una vez. Verter sobre las verduras.

Consejito:
Si prefiere, espolvoree las verduras con queso Cheddar desmenuzado; las calorías variarán, en consecuencia.

REPOLLO AGRIDULCE

6 porciones / 45 cal. cada una

Una gustosa salsa agridulce que da un sabor particular a este plato caliente a base de repollo.

Ingredientes:
3 tazas de repollo cortado en juliana. 1 ají verde mediano picado. 1 cebolla chica picada. 1/4 taza de vinagre. 1/4 taza de azúcar. 1/2 cucharadita de semillas de apio. 1/4 cucharadita de sal.

1- Colocar el repollo, el ají y la cebolla en una cacerola para M.W.. Tapar.

2- Cocinar en HIGH 5 a 6 min. o hasta que esten tiernos y crocantes, revolviendo una vez. Dejar reposar, tapado.

3- Poner el vinagre con el azúcar en un recipiente chico para M.W.

4- Cocinar en HIGH, destapado, $1^{1/2}$-2 min. o hasta que el azúcar se disuelva, revolviendo una vez. Verter sobre las verduras. Agregar las semillas de apio y la sal; mezclar bien. Servir.

Consejito:
Los restos se pueden servir enfriados como ensalada de repollo.

REPOLLO Y ZAPALLITOS FRITOS

6 porciones / 90 cal. cada una

Aquí le ofrecemos una sabrosa forma de preparar parte de de su abundante cosecha de repollos y zapallitos.

Ingredientes:
1/2 repollo grande desmenuzado. (alr. de 6 tazas). 1 cebolla mediana cortada finamente. 1 diente de ajo picado. 3 cucharadas de margarina. 3 zapallitos medianos cortados en rodajas (alr. de 3 tazas). 3/4 cucharadita de sal o sal saborizada. 1/4 cuchadadita de pimienta.

1- Colocar el repollo, la cebolla, el ajo y la margarina en una cacerola grande para M.W. Taparla.
2- Cocinar en HIGH 8-9 min. o hasta que el repollo esté tierno, revolviendo una vez. Agregar los zapallitos. Tapar.
3- Cocinar en HIGH 8-9 min. o hasta que estén, tiernos, revolviendo dos veces. Salpimentar.

Consejito:
Como variante, agregue junto con la sal y la pimienta, 1/2 taza de aceitunas picadas o 1/4 taza de trocitos de panceta crocante; las calorías variaran consecuentemente.

APIO A LA ALMENDRA

5 porciones / 60 cal. cada una

El apio resulta muy gustoso agregándole algunas almendras tostadas.

Ingredientes:
3 tazas de apio cortado en trocitos de 0,8 cm. aproximadamente. 1 cucharada de margarina. 2 cdas. de almendras fileteadas. Pimienta a gusto.

1- Colocar el apio en una cacerola para M.W. Taparla. 2- Cocinar en HIGH 6-8 minutos o hasta que esté tierno. Escurrir. Dejar a un costado. Poner la margarina y las almendras en un recipiente pequeño para M.W. 3- Cocinar en HIGH destapado, $3-3^{1/2}$ min. o hasta que esten tostadas, revolviendo 2 ó 3 veces. Agregarlas al apio. Espolvorear con la pimienta recién molida.

SÚPER JARDINERA

6 porciones / 135 cal. cada una

Esta atractiva combinación de coliflor, brócoli, ají y tomates está sazonada con una salsa a base de hierbas.

Ingredientes:
1/4 taza de margarina. 1 cucharada de semillas de sésamo. 1/2 cucharadita de sal de ajo. 1/4 cucharadita de tomillo. 1 coliflor pequeña. 1 atado chico de brócolis. 1 ají verde. 1 cebolla chica cortada en rodajas. 1 tomate rojo.

1- Colocar la margarina y las semillas de sésamo en un recipiente para M.W.

2- Cocinar en HIGH, tapado 1 a 2 min. o hasta que las semillas estén ligeramente tostadas, revolviendo 2 veces. Agregar la sal de ajo y el tomillo. Dejar a un lado.
3- Separar las ramitas de la coliflor quitando los tallos. Cortar cada una, en trocitos de 0,3 cm. Acomodar el brócoli y cortarlo en trozos de 3,5 cm. de largo. Cortar los tronquitos formando trocitos de 0,3 cm. de espesor. Cortar los ajíes en aros y cada aro en cuatro partes. Colocar la coliflor, el brócoli, la cebolla y el ají en una cacerola grande para M.W. Taparla.
4- Cocinar en HIGH 9-10 min. o hasta que las verduras estén casi tiernas, revolviendo una vez. Escurrir. Incorporar los tomates. Verter la margarina con las semillas de sésamo. Tapar.
5- Cocinar en HIGH 2 ó 3 min. o hasta que todo se caliente bien. Mezclar suavemente para cubrir.

REPOLLITOS DE BRUSELAS CON MANTECA SAZONADA

4 porciones / 95 cal. cada una

Damos a estos repollitos de Bruselas un toque final con un glasé de margarina y jugo de limón.

Ingredientes:
1 paquete de repollitos de Bruselas congelados
2 cdas. de margarina. 1 cucharadita de jugo de limón. 1/4 cucharadita de sal de apio. 1 cucharada de cebollines picados.

1 - Cocinar en HIGH los repollitos de Bruselas en

una cacerola tapada durante 7 u 8 minutos o hasta que estén tiernos. Escurrir. Dejar a un costado.

2- Colocar la margarina, el jugo de limón, la sal y los cebollines en un recipiente chico para M.W.

3- Cocinar en HIGH, destapado, 1-1$^{1/2}$ min. o hasta que esté espumosa. Verter sobre los repollitos de Bruselas.

MEZCLA DE ZANAHORIAS Y ANANÁ

6 porciones / 70 cal. cada una

Ananá, cebolla de verdeo y una pizca de jengibre sazonan los trocitos tiernos de zanahorias. Esta ensalada tropical es diferente y deliciosa.

Ingredientes:
4 tazas de zanahorias cortadas en trozos de 5 cm. 1 cucharada de margarina. 1 ananá fresca en rodajas. 1/2 taza de cebolla de verdeo cortadita. 1/4 cucharadita de sal. 1/4 cucharadita de jengibre en polvo.

1- Colocar las zanahorias con la margarina en una cacerola grande para M.W.. Tapar la cacerola.

2- Cocinar en HIGH 10-12 min. o hasta que las zanahorias estén tiernas y crocantes, revolviendo dos veces. Agregar el ananá las cebollas, la sal y el jengibre. Taparla.

3- Cocinar en HIGH 1-2 min. o hasta que se caliente bien.

El problema con la juventud de hoy es que ya no formo parte de ella.
Salvador Dalí.

ZANAHORIAS GLASEADAS CON ESTRAGÓN

6 porciones / 45 cal. cada una

Una salsa glaseada con sabor a estragón pone de manifiesto la dulzura natural de la zanahoria.

Ingredientes:
3 tazas de zanahorias cortadas (alr. de 5 unid.) en rodajitas finas. 3 cucharadas de agua. 1 cucharada de margarina. 1/2 cucharadita de estragón.

1- Colocar las zanahorias con el agua en una cacerola para M.W.. Taparla.
2- Cocinar en HIGH 9-10 min. o hasta que estén tiernas, revolviendo una o dos veces. Escurrir, si es necesario. Añadir la margarina y el estragón. Tapar.
3- Cocinar en HIGH 1-1$^{1/2}$ min. o hasta que se derrita. Mezclar suavemente para cubrir.

ZANAHORIAS GLASEADAS CON ARVEJAS

6 porciones / 115 cal. cada una

Una forma deliciosa de preparar las zanahorias.

Ingredientes:
3 tazas de zanahorias cortadas (alr. de 5 unid.).
3 cucharadas de agua. 1 paquete de arvejas

congeladas. 2 cebollas de verdeo cortadas finas. 3 cucharadas de margarina. 1$^{1/2}$ cucharadita de azúcar negro. 1/2 cucharadita de fécula de
maíz. 1/4 cucharadita de sal. Pimienta a gusto.

1- Colocar las zanahorias con el agua en una cacerola para M.W. Taparla.

2- Cocinar en HIGH 9-10 min. o hasta que estén
tiernas y crocantes. Incorporar las arvejas y las cebollas de
verdeo. Tapar.

3- Cocinar en HIGH 4-6 min. o hasta que las arvejas
estén calientes; escurrir. Mezclarle el resto de los ingredientes. Cocinar en HIGH, destapada, 1-2 min. o hasta que
la salsa hierva y se espese, revolviendo una vez.

ZANAHORIAS CON PASAS DE UVA

4 porciones / 75 cal. cada una

Trocitos de zanahorias mezclados con pasas de uva
hacen un plato delicioso.

Ingredientes:
2 tazas de zanahorias cortadas en trozos de 3, 5
cm. (varitas). 2 cucharadas de agua. 2 cucharadas de pasas de uva. 1 cucharada de margarina.
1 cucharada de azúcar negro. 1/2 cucharadita de
cáscara de limón rallada. 1/4 cucharadita de sal.

1- Colocar las zanahorias con el agua en una cacerola para M.W.. Taparla.

2- Cocinar en HIGH 6 a 7 min. o hasta que estén tier-

nas y crocantes, revolviendo una vez. Escurrir. Agregar las pasas de uva, la margarina, el azúcar, la cáscara de limón y la sal. Mezclar suavemente; tapar.
3- Cocinar en HIGH 2 a 3 min. o hasta que la margarina se derrita. Revolver para cubrir en forma pareja.

COLIFLOR GLASEADA CON NARANJAS

6 porciones / 75 cal. cada una

Este plato de coliflor con una suave salsa glasé de naranjas es un bienvenido acompañamiento para casi todas las comidas.

Ingredientes:
1 coliflor mediana cortada en ramitos cocida.
1 cucharada de harina. 1 cucharadita de azúcar.
1 cucharadita de cáscara de naranjas rallada.
1/2 taza de jugo de naranjas. 2 cucharada de margarina.

1- Colocar la harina, el azúcar la cáscara de naranjas y el jugo en un recipiente chico para M.W., mezclando bien.
2- Cocinar en HIGH, destapado, 1 a 2 min. o hasta que la mezcla hierva y se espese, revolviendo una vez. A-gregarle la margarina para que se derrita. Escurrir la coliflor y verterle la salsa encima.

Consejito:
El glasé de naranjas se puede usar también con otras verduras cocidas que Ud. prefiera.

COLIFLOR REAL

6 porciones / 40 cal. cada una

Una cabeza entera de coliflor se cocina fácilmente en el microondas.

Ingredientes:
1 coliflor mediana. 1 cucharada de margarina.1 cucharada de harina. 1/2 taza de leche descremada. 1/4 cucharadita de sal. 1/8 cucharadita de mostaza. 1 cucharada de perejil picado.

1- Quitarle las hojas a la coliflor, pero dejar la cabeza entera. Cortar y sacar una porción de forma cónica del centro para que se cocine más rápido. Lavarla y sacudirla para eliminar el exceso de humedad. Colocar la coliflor con la parte del tronco hacia abajo en una fuente para M.W.. Cubrir con enlvoltura plásticas.

2- Cocinar en HIGH 10 a 11 min. o hasta que esté casi tierna. Dejar a un costado.

3- Derretir la margarina en un recipiente chico durante 30-45 segundos, Mezclarle la harina; luego la leche, la sal y la mostaza.

4- Cocinar en HIGH, destapado, 1-1$^{1/2}$ min. o hasta que hierva, revolviendo una o dos veces. Agregar el perejil. Con cuidado levantar un lado del plástico para escurrir la coliflor. Quitar la envoltura. Salar la coliflor. Colocar sobre una vistosa fuente, decorar con perejil. Verterle la salsa.

5- Cocinar en HIGH, destapada, 30-60 seg. o hasta que el calor se distribuya bien. Colocar sobre una vistosa fuente y decorar con perejil.

Consejito:
Para ocasiones especiales, agregue 1/3 taza de camarones cocidos o envasados con el perejil en el 4to paso.

CHOCLO A LA ITALIANA

4 porciones / 145 cal. cada una

Aceitunas y queso parmesano dan al maíz un aire italiano.

Ingredientes:
2 tazas de choclo desgranado congelado. 2 cucharadas de cebollines picados. 1/4 cucharadita de condimento italiano. 1/4 cucharadita de sal de ajo. 1/4 taza de aceitunas cortadas. 1 cucharada de queso parmesano.

1- Colocar el choclo en una cacerola para M.W. Agregar la margarina, los cebollines y el condimento italiano. Taparla.
2- Cocinar en HIGH 5-6 minutos o hasta que el choclo esté tierno. Añadir la sal de ajo, las aceitunas y el queso. Mezclar para cubrir bien.

Consejito:
Las 2 tazas de choclo desgranado fresco se puede sustituir por un paquete de choclo congelado.

CHOCLOS AL GLASÉ DE HIERBAS

4 porciones / 130 cal. cada una

Realce el fresco, sabor del choclo con su hierba o condimento preferido.

Ingredientes:
4 choclos frescos. 2 cucharadas de margarina.
1/2 cucharadita de estragón u otro condimento favorito.

1- Sacar la chala de los choclos; lavarlos con agua. Colocarlos en una asadera de 20 cm. de lado para M.W. Dejar a un lado.

2- Llevar la margarina en un plato chico durante 15-30 seg. (en HIGH) o hasta que se ablande. Añadirle el condimento. Untar cada choclo con la cuarta parte de la margarina. Cubrir con envoltura plástica.

3- Cocinar en HIGH 10 a 12 minutos o hasta que estén amarillo brillante, reacomodándolos una vez, para que se cocinen parejos.

Consejitos:
Puede usar otras hierbas y condimentos tales como eneldo, cebollines, ajo, cebolla, hierba al limón o pimienta al limón. Pruebe la cantidad hasta ajustarse a su gusto.

Los choclos pueden también cocinarse en su chala. Tirar la chala hacia abajo hasta 3/4 parte del choclo y quitar los hilos, cepillarlos bien. Pincelarlos con la margarina. Volver a colocar la chala alrededor de los choclos; acomodarlos en una asadera y cocinarlos.

CHOCLOS AL ESTRAGÓN

4 porciones / 115 cal. cada una

El choclo se cocina en el microondas con una salsa delicada de estragón.

Ingredientes:
1 paquete de choclo congelado. 1/4 taza de cebollas de verdeo cortadas, con sus cabezas. 1 cucharada de margarina. 1/2 cucharadita de azúcar. 1/2 cucharadita de fécula de maíz. 1/4 cucharadita de sal. 1/4 cucharadita de estragón. Pimienta a gusto.

1- Colocar todos los ingredientes en una cacerola para M.W. Taparla.
2- Cocinar en HIGH 5-6 min. o hasta que los choclos estén tiernos y la salsa espumosa, revolviendo dos veces.

 DELICIA DE VERDURA

6 porciones / 130 cal. cada una

Esta combinación de verduras es tan colorida como llena de sabor.

Ingredientes:
3 choclos frescos medianos. 1 cebolla chica picada. 1/4 taza de ajíes verdes picados. 1 zapallito mediano cortado en rodajas. 1/4 taza de margarina. 2 cucharaditas de azúcar. 3/4 cucharadita de sal. 1/4 cucharadita de pimienta. 1/4 cucharadita de comino. 1 tomate grande picado.

1-Desgranar el choclo, usando un cuchillo afilado. Colocar los granos en una cacerola para M.W. Agregar la cebolla y los ajíes. Tapar la cacerola.

2- Cocinar en HIGH 2 minutos o hasta que se calienten. Incorporar el resto de los ingredientes excepto el tomate. Tapar.

3- Cocinar en HIGH 7-9 minutos o hasta que estén casi tiernos, revolviendo una vez. Agregar el tomate. Tapar nuevamente.

4- Cocinar en HIGH 2-3 minutos o hasta que se caliente el tomate.

CHAMPIGNONES ELEGANTES

6 porciones / 50 cal. cada una

Champignones y rodajas de cebolla se cocinan en una deliciosa salsa de vino blanco. Sírvala como acompañamiento de carnes o aves.

Ingredientes:
3 tazas de champignones frescos enteros o cortados. 1 cebolla mediana en rodajas finas. 1/4 taza de vino blanco. 2 cucharaditas de fécula de maíz. 1 cucharadita de caldo de carne instantáneo. 1/2 cucharadita de estragón. 1/4 taza de queso Cheddar rallado grueso.

1- Colocar los champignones, la cebolla y el vino en una cacerola para M.W.. Taparla.

2- Cocinar en HIGH 4-6 minutos o hasta que estén casi tiernos, revolviendo una vez. Escurrir el líquido en un recipiente chico hasta tener 1/2 taza (Agregarle agua si es necesario). Agregar la fécula, el caldo y el estragón. Usar batidor, si es necesario, para mezclar los ingredientes. 3-Cocinar en HIGH, destapado, 1 a 2 minutos, sólo hasta que la salsa hierva y se espese, revolviendo una vez. Añadir la salsa a los champignones con la cebolla; mezclar suavemente. Esparcir encima el queso. 4-Cocinar en HIGH, destapado, 1-1$^{1/4}$ min. o hasta que el queso se derrita.

Consejito:
El vino se puede sustituir por H_2O o jugo de manzana.

CEBOLLAS RELLENAS

 6 porciones / 55 cal. cada una

Estas carcazas de cebollas son un recipiente atractivo de arvejas sazonadas.

Ingredientes:
3 cebollas medianas. 2 tazas de arvejas y 2 tazas de zanahorias congeladas. 1 cucharada de margarina. 1/2 cucharadita de albahaca. 1/4 cucharadita de sal. Pimienta a gusto.

1- Pelar las cebollas y cortar por la mitad. Colocarlas con el corte hacia abajo en una asadera de 20 cm. de diámetro, Cubrir con papel manteca.
2- Cocinar en HIGH 4-6 minutos o hasta que las cebollas estén tiernas y crocantes. Extraer el centro de las cebollas, dejando 2 ó 3 capas de cada cebolla. (Guardar la

cebolla extraída). Colocar las carcazas con el corte hacia arriba en una asadera. Dejar a un costado. Colocar las arvejas y las zanahorias en una cacerola para M.W. Tapar la cacerola. 3- Cocinar en HIGH 5-6 min. o hasta que estén tiernas. Escurrir. Agregar la margarina, la albahaca, la sal y la pimienta. Verter esta mezcla dentro de las carcazas de cebolla. Decorar con hojitas de albahaca.

COMBINADO ORIENTAL

6 porciones / 55 cal. cada una

Un poquito de ajo, otro poquito de jengibre realzan el tan natural sabor de las chauchas, champignones y espárragos.

Ingredientes:
1 paquete de chauchas congeladas o frescas. 1 taza de champignones frescos fileteados. 3 cebollas de verdeo cortadas finamente (incluídas las cabecitas). 1 cucharada de margarina. 1 cucharada de salsa de soja. 1 cucharadita de fécula de maíz. 1 cucharadita de caldo de gallina instantáneo. 1/4 cucharadita de polvo de ajo. 1/4 cucharadita de jengibre. 1 taza de espárragos frescos cocidos.

1- Cocinar en HIGH la chauchas en su paquete 3-4 min. o hasta que se descongelen. Escurrir. Colocar los champignones, las cebollas y la margarina en una cacerola para M.W. Taparla.
2- Cocinar en HIGH $1^{1/2}$-2 min. o hasta que los cham-

pignones estén tiernos. Pasar el líquido a un bowl pequeno y agregarle agua hasta tener 1/4 de taza. Incorporar la salsa de soja, la fécula, el caldo, el ajo el polvo y el jengibre.
3- Cocinar en HIGH, destapado, 45-60 seg. o hasta que hierva y se espese, revolviendo una vez. Agregar a los champignones. Agregar las chauchas y las puntas de espárragos. Revolver. Tapar.
3- Llevar al microondas y mantener en HIGH 2-3 minutos hasta que se caliente bien y se integren los sabores.

CHAUCHAS CON CASTAÑAS DE CAJÚ

6 porciones / 80 cal cada una

Horneamos las chauchas hasta que estén tiernas y luego las condimentamos con salsa de soja y castañas de cajú.

Ingredientes:
450 gr. de chauchas frescas (alr. de 6 tazas). 2 cucharadas de margarina. 1 cucharada de salsa de soja. 1/2 taza de castañas de cajú picadas.

1- Lavar las chauchas; ponerlas junto con la margarina en una cacerola grande para M.W. Tapar la cacerola.
2- Cocinar en HIGH 12-14 min. o hasta que estén tiernas, mezclando una vez. Agregar la salsa y las castañas. Tapar.
3- Cocinar en HIGH 1-2 min. o hasta obtener la temperatura deseada. Espolvorear con coco rallado.

Consejito:
Las chauchas frescas se cocinan con el agua del lavado, el secreto es dejarlas unos 10 min. en agua para que se hidraten.

CAPÍTULO 7
POLLOS CERDOS Y VEGETALES

Las carnes rojas son fuente integral de proteínas. No debemos olvidar que las carnes rojas (vacuno) proporcionan mayor cantidad de grasas saturadas y colesterol que las carnes blancas (pescado).

Por lo tanto se sugiere tener en cuenta una frecuencia semanal consumiendo por ej: carne vacuna 3 veces por semana y aves o pescados los restantes días de la semana. Podemos reducir la grasa de las carnes incluyendo cortes más magros. Pero éstos pueden ser menos tiernos y requerir de marinadas o de una cocción lenta para tiernizarlas.

Es también una buena idea cocinarlas sobre la parrilla especial para carnes o en la hamburguesera para así mantenerlas lejos del drenaje y permitir que la grasa se escurra. En este capítulo, algunas recetas incluyen la incorporación de condimento en polvo para carnes. Este es un polvo especial para hornos a microondas que sirve justamente para dorar las carnes y a la vez para condimentar y tiernizar las mismas. Si prefiere este polvo puede omitirse, y dorar la carne en horno convencional antes de pasar al microondas.

POLLO ASADO DORADO

5 porciones / 300 cal. cada una

Una capa dorada de copos de maíz para este pollito.

Ingredientes:
3/4 taza de copos de maíz triturados. 1 cucharada de hojitas de perejil. 1 cucharadita de sal. 1/4
cucharadita de condimento para aves. 1/4 cucharadita de ajo en polvo. 1 clara de huevo. 1
pollo trozado (1500 gr. aproximadamente).

1- Mezcle los copos, el perejil, la sal, el condimento,
el polvo de ajo y la pimienta en papel manteca. Bata ligeramente la clara de huevo en un plato.
2- Pase los trozos de pollo por la clara de huevo batida y luego por la mezcla de copos. Acomode con la piel
para arriba en la bandeja doradora. Precalentar 8 min.
3- Cocine en HIGH, descubierto, de 30 a 35 min. o
hasta que el pollo esté tierno, rótelo 2 veces.

Consejito:
Cubra con papel manteca para no salpicar el horno.

POLLO ASADO

5 porciones / 285 cal. cada una

Esta salsa es bárbara sobre costillitas y carne picada,
también.

Ingredientes:
1 pollo trozado mediano. 2 cucharadas de cebolla finamente picada, 1 cucharada de agua. 1
lata de salsa de tomate. 3 cucharada de azúcar

negro. 1 cucharada de fécula de maíz. 1 cucharada de jugo de limón. 1 cucharada de salsa Worcestershire 1/2 cucharadita de semillas de apio. 1/4 cucharadita de sal pimienta picante, a gusto.

1- Acomode el pollo con la piel hacia arriba en una asadera de 20x30 para M.W. y cubra con plástico adherente

2- Cocine en HIGH de 18 a 20 min. o hasta que el pollo no esté más rosado. Escúrralo; deje a un lado. Mezcle la cebolla con el agua en un bowl mediano.

3- Cocine en HIGH, destapada, $1^{1/2}$-2 min. o hasta que la cebolla esté tierna. Agregue la salsa de tomate, el azúcar negro y la fécula hasta que quede cremosa. Incorpore el jugo de limón, la salsa Worcestershire, las semillas de apio, la sal y pimienta. Vierta la salsa sobre el pollo. Cubrir

4- Cocine en HIGH de 7 a 8 min. o hasta que el pollo esté tierno y la salsa espesita.

Consejito:
Si al pollo le quita la piel también bajarán las calorías.

POLLO AGRIDULCE

5 porciones / 290 calor. cada una

Pollo con rodajas de ananá y morrones con una suave salsa agridulce.

Los libros son las abejas que llevan el polen de una inteligencia a otra.
James Russel Lowell.

Ingredientes:
1 pollo trozado mediano. 1 cebolla mediana cortada, sal y pimienta. 1 lata de ananá en trozos 2 cucharadas de azúcar negro. 1/2 taza de agua. 1 cucharada de fécula de maíz. 1 cucharada de vinagre. 1 cucharada de salsa de soja. 1 ají verde mediano, cortado en tiritas.

1- Acomode el pollo sin la piel hacia arriba en una asadera de 20x30 cm. con las partes más gruesas hacia los bordes. Poner encima la cebolla. Condimente con sal y pimienta. Cubrir con papel manteca.

2- Cocine en HIGH de 20 a 23 min. o hasta que esté tierno, rotandola una vez. Escurrir.

3- Escurrir el jugo del ananá en un tazón. Agregar el azúcar, el agua, la fécula, el vinagre y la salsa de soja hasta obtener una mezcla suave.

4- Cocine en HIGH, descubierto, 3-4 min. o hasta que hierva y se espese, revolviendo una vez. Verter sobre el pollo. Agregue el ananá y el pimiento verde. Cubrir con papel manteca.

5- Cocine en HIGH de 5 a 7 min. o hasta que el pollo esté hecho.

Consejito:
Puede usar ananá fresco.

POLLO A LA CAZADORA

5 porciones / 315 cal. cada una

Una sabrosa combinación de pollo, hierbas y tomate.

Ingredientes:

1 morrón verde mediano, picado. 1 cebolla mediana cortada fina. 2 cucharadas de agua. 1 lata de tomates o 4 frescos. 1 lata de salsa de tomates. 1 cucharada de perejil. 1 cucharada de sal. 3/4 cucharadita de paprika. 1/4 cucharadita de pimienta. 2 dientes de ajo. picado. 1/4 cucharadita de albahaca. 1/4 taza de vino tinto seco o agua. 1 pollo trozado (alr. de 1,100 a 1,350 Kg.).

1- Mezcle el morrón, la cebolla y el agua en una cazuela para M.W. Cubra con la tapa.
2- Cocine en HIGH 5-6 min. que esté parcialmente cocido. Agregar el resto de los ingredientes, excepto el pollo. Cubrir.
3- Cocine en HIGH 5'. Agregue el pollo. Vuelva a cubrir.
4- Cocine en HIGH de 20 a 30 min. o hasta que el pollo esté tierno mezclando una vez. Si desea, sirva con arroz cocido.

Esta vez la cazadora será Ud. ¡Ponga bien el ojo!

POLLO DORADO IMPERIAL

5 porciones / 295 cal. cada una

Si le gusta más crocante, dele el último toquecito poniéndolo unos minutos en la parrilla o grill.

La costumbre es una mano muerta.
Platón.

Ingredientes:
2 cucharadas de margarina. 1 cucharada de
mostaza tipo Dijon. 1 cucharadita de salsa
Worcesteshire. 1 pollo trozado mediano. 1/4
taza de pan rallado. 2 cucharadas de perejil picado. 1 cucharadita de sal de ajo. 1/4 cucharadita de pimienta.

1- Cocine en HIGH la margarina en un bowl 30-60
seg. Agregue la mostaza y la salsa Worcestershire.
Acomode el pollo con la piel hacia arriba en una asadera
de 20x30 cm. Pincele con la mezcla de margarina.
2- Mezcle el pan, el perejil, la sal de ajo y la pimienta; espolvoree sobre el pollo. Cubra con papel manteca.
3- Cocine en HIGH 20-25 min. o hasta que el pollo
esté tierno. Saque el papel.
4- Pase por el grill de 4 a 6 min. o hasta que el pollo
tome un tono marrón dorado.

Todo el imperio hablará de usted.

SPAGHETTI A LA TETRAZZINI

4 porciones / 240 cal. cada una

Spaghettis con una salsa cremosa de pollo con zanahorias y champignones.

Ingredientes:
1 Pechuga de pollo entera, cortada por la mitad
y sin piel (450 gr.). 1 zanahoria mediana pelada
1 cucharada de agua. 110 gr. de spaghetti. 2/3

taza de agua. 1$^{1/2}$ cucharada de fécula de maíz. 1/4 taza de leche descremada. 1$^{1/2}$ cucharadita de caldo de gallina instantáneo. 1/4 taza de vino blanco seco. 2 cucharadas de margarina. 1 lata de champignones escurridos, cortados. Pimienta a gusto. 1 cucharada de perejil fresco picado 2 cucharadas de queso parmesano.

1- Acomode las pechugas de pollo con la carne para arriba en una asadera cuadrada de 20 cm. de lado para M.W. Cubrir con papel manteca.

2- Cocine en HIGH 7-8 min. o hasta que el pollo este tierno, rotando una vez. Escurra; deje a un lado para enfriar.

3- Cortar la zanahoria en juliana en tiras. Ponga la zanahoria y una cucharada de agua en una cacerola para M.W. Tape.

4- Cocinar en HIGH 2-3 min., mezclando una vez deje a un lado.

5- Hierva los spaghetti. escúrralos y enjuáguelos con agua fría. Deje a un lado. Mientras los spaghetti se cocinan, deshuese el pollo y corte la carne en cubos.

6- Añada los 2/3 tazas de agua a las zanahorias. Agregue la fécula, mezclando bien. Incorpore la leche y el caldo.

7- Cocine en HIGH, descubierto, 2$^{1/2}$-3$^{1/2}$ min. o hasta que la mezcla hierva y se espese, revolviendo una o dos veces. Agregue el vino, la margarina, el pollo, los champignones y la pimienta; mezcle suavemente.

8- Acomode los spaghetti en una fuente de servir apta para M.W. Poner la mezcla de pollo sobre la pasta. Condimente con el perejil y el queso rallado.

9- Cocine en HIGH, destapado, 2-3 min. o hasta que se caliente parejo. Puede gratinar unos minutos.

Consejito:
Puede sustituir la pechuga de pollo por 2 tazas de cubitos de pavita cocida.

POLLO AL LIMÓN

4 porciones / 280 cal. cada una

Una deliciosa manera de servir el pollo con una salsa suave de limón.

Ingredientes:
2 pechugas de pollo enteras, cortadas por la mitad, sin piel (900 gr.). 3/4 tazas de agua. 3 cucharadas de miel. 2 cucharadas de jugo de limón. 1 cda. de fécula de maíz. 1 cucharadita de caldo de gallina instantáneo. 1/4 cucharadita ajo en polvo. 1 paquete de arvejas congeladas (170 gr.) o frescas. 3 cebollas de verdeo cortaditas.

1- Acomodelas para M.W. Cubra con su tapa.
2- Cocine en HIGH 9-10 min. reacomodando el pollo una vez. Escurra; deje a un lado para enfriar.
3- Mezcle el agua, la miel, el jugo de limón, la fécula, el caldo y el ajo en un bowl; bata hasta que quede suave.
4- Una vez que agregue las arvejas en HIGH 1 min., finalmente agregue los cubos de pechuga.
5- Agregue la salsa, las cebollas de verdeo cortaditas, lleve al M.W. descubierto 3 a $3^{1/2}$ min. en HIGH, hasta que esté caliente en forma pareja.

Consejito: Puede pasarlo por el grill 7-8 min.

POLLO CROCANTE
PARA CUIDAR LA LÍNEA

5 porciones / 200 cal. cada una

Sin necesidad de una salsa o crema extras, podemos elaborar un delicioso pollito con una sencilla mezcla de condimentos.

Ingredientes:
1 cucharadita de sal de ajo. 1 cdta. de estragón. 1 cucharadita de Páprika. 1/2 cdta de sal. 1/4 cdta. de pimienta. 1 pollo trozado (1,350 Kg.).

1- Mezcle todos los condimentos. Espolvoree sobre los trozos de pollo. Acomode el pollo sin la piel. Cubra con papel manteca.
2- Cocine en HIGH 20-25 min. o hasta que el pollo esté tierno.

¿Que línea? ¿La de la vida o la del corazón?

BANDEJA DE POLLO BON BON

6 porciones / 275 calor. cada una

Sirva esta entrada china como parte de un menú oriental. Puede servirse también como almuerzo o cena en días calurosos.

Sólo la familia puede dar el afecto y cariño que es imprescindible
para la supervivencia del hombre.
María Riera.

Ingredientes:
3 tazas de agua. 1 taza de habas (en paq.). 2 pepinos pelados y sin semilla. 1/2 cucharadita de sal. 2 pechugas de pollo completas, cortadas por la mitad y sin piel (900 gr.). 2 huevos. 1 cebolla de verdeo.

Salsa
1/3 taza de agua. 2 cucharadas de aceite. 2 cucharadas de salsa de soja. 2 cucharadas de pasta de maní. 1 cucharadita de vinagre. 1/2 cucharadita de azúcar. 1/2 cucharadita de caldo de gallina instantáneo.

1- Ponga el agua en un bowl en el horno y mantenga en HIGH 7-8 min. o hasta que hierva. Incorpore las habas y déjelas que se cocinen bien durante 10-15 min. Cortar los pepinos en juliana. Salar y dejar a un costado.

2- Coloque los dos trozos de pollo en una cazuela para M.W. Cubrir con su tapa.

3- Llevar a M.W., en HIGH durante 8-9 min. o hasta que esté tierno, removiendo las pechugas una vez; enfriar. Batir los huevos en un molde de 22 cm, y cubrir con papel manteca.

4- Llevar a M.W., en MEDIO-HIGH (-70%) durante 2¹/²- 3 min., revolviendo una vez para que la parte de los bordes que está más cocinado, se ubique en el centro, y viceversa; enfriar. Cortar la cebolla en tiras.

5- Preparar la salsa en un molde para M.W., y mezclar bien.

6- Llevar a M.W.,en HIGH, sin cubrir, durante 2-3 min. o hasta que hierva, revolviendo una vez.

7- Para reunir nuestra preparación, cuele las habas.

Ubíquelas en una bandeja para servir. Escurrir bien los pepinos, quitándoles el exceso de líquido, y cubrir las habas formando capas. Cortar la hoja de huevo en tiras finas y acomodar sobre los pepinos. Deshuese las pechugas y córtelas en rodajas finas de alred. de 5 cm. de largo; ubicar sobre el huevo. (Si no lo sirve en el momento, refrigerar). 8- Revolver bien la salsa, y verter sobre el preparado. Decorar con tiritas de cebolla de verdeo.

¿No se siente ciudadana china?

Consejito:
Este plato puede prepararse con anticipación al momento de servir y refrigerarse. Al servir, llevar la salsa a M.W. en HIGH durante 30-60 segundos revolviendo una vez. Luego cubrir y decorar.

CARNE A LA CANTONESA CON VERDURAS

6 porciones / 235 cal. cada una

Para simplificar la preparación de las verduras utilice una procesadora de alimentos. Para evitar el recocimiento, la salsa se hace por separado y luego se añade a la carne con las verduras.

Ingredientes:
450 gr. de carne sin hueso, cortada en trozos. 1 cebolla mediana cortada finita. 1 diente de ajo picado. 1/3 taza de salsa de soja. 1 repollo akusay mediano, cortado finito. 2 tazas de

champignones frescos cortados. 1 lata de castañas escurridas y picadas. 1 paquete de arvejas congeladas o frescas. 3 cucharadas de morrones picados. 1 taza de agua. 1/3 taza de queso descremado. 1 cucharada de caldo de carne instantáneo. 1/2 cucharadita de azúcar.

1- Cortar la carne en tiritas. Colocar juntos la carne, la cebolla, el ajo, y la salsa de soja en una cacerola muy grande para M.W. Tapar.

2- Cocinar en HIGH 7-8 min. o hasta que la carne no esté rosada, revolviendo dos veces. Agregar el repollo, los champignones y las castañas a la mezcla de carne. Tapar.

3- Cocinar en HIGH 4'. Mezclar y agregar las arvejas y el morrón. Tapar.

4- Cocinar en HIGH 8-9 min., hasta que las verduras tengan la cocción deseada, revolviendo dos veces.

5- Mezclar el queso, el agua, el caldo y el azúcar en un recipiente para M.W. Mezclar a esto el líquido de cocción de la carne.

6- Cocinar en HIGH, destapado, 6-7 min. o hasta que la mezcla hierva y se espese, revolviendo dos veces. Agregar a la mezcla de carne. Si desea, servir con arroz.

Se anima a comer con palitos, con amigos es muy divertido.

Consejito:
Para facilitar su corte enfríe parcialmente la carne.

ARROLLADO DE CARNE

6 porciones / 220 cal. cada una

Bifes rellenos, arrollados y cocinados en una salsa suave de tomate.

Ingredientes:

1 taza de puerros en trozos chicos y blanqueados. 1 cebolla chica, picada. 1 cucharada de margarina. 1 taza de queso descremado con sabor a hierbas. 1/2 taza de agua. 500/700 grs. de bifes de nalga. 1 lata de salsa de tomate. 1 cucharada de salsa de soja. 1/2 cucharadita de sal. 1/4 cucharadita de polvo de ajo.

1- Mezclar los puerros, la cebolla, y la margarina en un molde adecuado. Cubrir con plástico adherente.

2- Cocinar en HIGH, durante $1^{1/2}$-2 min. o hasta que las verduras esten tiernas. Agregar la mezcla para rellenar y agua suficiente como para humedecerla; mezclar bien. Dejar reposar.

3- Golpear la carne de ambos lados con un mazo para tiernizarla. Mezclar la salsa de tomate, la salsa de soja, la sal, y el polvo de ajo en un molde adecuado. Volcar sobre la carne, 1/4 de taza de salsa. Desparramar la pasta de relleno sobre el centro de cada trozo de carne longitudinalmente. Enrollar, tratando de que el relleno no desborde. Colocar los arrollados dentro de un un recipiente para M.W., ubicándolos con la abertura hacia abajo. Verter 1/2 taza de salsa de tomate sobre los arrollados.

4- Llevar a M.W. en HIGH, 5 min o hasta que la mezcla rompa el hervor. Luego cocinar en LOW (-30%) dur. 25-30 min. o hasta que esté tierno; verter el resto de la sal-sa de tomate.

Las palabras son pensamientos presos
las acciones son pensamientos libres.

Consejito:
Este tipo de carne se cocina mejor con temperatura Baja (Low).

BOURGUINON

6 porciones / 270 cal. cada una

Una cantidad pequeña de panceta realza el sabor de esta comida favorita tradicional.

Ingredientes:
700 gr. de carne de vaca magra. $1^{1/2}$ cucharada de harina. $1^{1/2}$ cucharadita de polvo sazonador para dorar carnes. 1/4 cucharadita de tomillo. 1/4 cucharadita de pimienta. 1 tajada de panceta picada. 1 diente de ajo picado. 1/4 taza de agua. 1 cucharadita de caldo de carne instantáneo. 1/2 taza de vino Borgoña u otro vino tinto. 250 gr. de champignones frescos enteros. 5 zanahorias medianas peladas y cortadas en trozos. (450 gr.) de cebollitas en cuartos.

1- Colocar la carne en una bolsa para cocinar en horno. Agregar la harina, el polvo dorador, el tomillo y la pimienta; sacudirla para cubrir bien.

2- Poner encima la panceta y el ajo. Aparte mezclar el agua, el caldo y el vino; verter sobre todo. Cerrar la bolsa con una gomita. Cortar la parte superior de la bolsa (6 tajitos de 1,5 cm.). Colocarla en una cacerola grande para M.W.

3- Cocinar en HIGH 7-8 min. o hasta que la mezcla hierva. Luego pase a -50% y cocine 30 min., revolviendo 2 ó 3 veces. Agregar los champignones, las zanahorias y las cebollas
4- Cocinar en 50% 30 min. o hasta que la carne esté tierna, revolviendo una vez. Pasar a una fuente de servir. Puede reemplazar por un recipiente....

Consejitos:
Si prefiere la panceta crocante cocínela 30-60 segundos. Desmenúcela y deje a un lado; agregue su líquido a la cacerola antes de cocinar. Luego añada la panceta desmenuzada al momento de servir. La carne estofada requiere un lento y suave hervor, por eso no recomendamos las temperaturas medianas a mínimas.

SALCHICHAS CASERAS

3 rollos de salchichas (porc.120) / 20 cal. cada una

Las salchichas caseras se han vuelto cada vez más populares en los años recientes. Las grasas y calorías extras se han reducido al máximo. Estas salchichas pueden ser almacenadas y se mantienen en muy buenas condiciones durante 3 semanas en la heladera y 3 meses en el freezer.

Ingredientes:
1,350 Kg. de carne magra molida. $1^{1/2}$ cucharadita de granos de pimienta triturados. $1^{1/2}$ cucharadita de mostaza. $1^{1/2}$ cucharadita de sal de ajo. 3 cucharaditas de sal para curar y rápido

tiernizado. 1 $^{1/2}$ cucharadita de líquido para ahumar.

1- Mezclar todos los ingredientes en un bowl bien grande. Cubrir ajustadamente y refrigerar durante 24 horas. 2- Dividir la mezcla de carne en tres partes; formar con cada una un rollo bien lisito y parejo de 30 cm. de largo. Acomodar los 3 rollos en una parrilla para M.W. Cubrir con papel manteca.
3- Cocinar en LOW -30%, 20 min. Darle vuelta a los rollos y reacomodarlos.
4- Cocinar en LOW-30%, 20-25 min. o hasta que la carne esté lista. Enfriarla. Envolver ajustadamente llevar a la heladera o al freezer. Cortar en trocitos de 1 cm. para servir.

Me encantaría que nos invite

Consejito:
Con la temperatura máxima, cocinar 5 minutos y dejar reposar 10 minutos. Darlas vuelta y reacomodarlas. Repetir esta operación 2 veces (15 minutos de tiempo de cocinado).

HAMBURGUESAS AL STROGONOFF

4 porciones / 260 calor. cada una

Aquellas personas que tienen en cuenta las calorías y el colesterol querrá probar esta receta. Nuestros degustadores encontraron su sabor interesante, y bien puede convertirse en uno de sus platos favoritos.

Ingredientes:
450 gr. de carne de vaca picada. 2 tazas de champignones frescos fileteados. 1 cebolla mediana picada. 3 cucharadas de harina. 2 cucharaditas de caldo de carne instantáneo. 1/2 cucharadita de sal. 1/2 cucharadita de mostaza. 1/2 cucharadita de pimienta. 1 taza de agua. 1/2 taza de yogur natural. 2 cucharaditas de perejil.

1- Colocar la carne picada en una cacerola grande para M.W. Añadir los champignones y la cebolla.

2- Cocinar en HIGH, destapada, 7-8 min. o hasta que la carne esté lista, revolviendo 2 veces. Escurrir. Agregarle la harina, el caldo, la sal, la mostaza, la pimienta y el agua. Taparla.

3- Cocinar en HIGH, 7-8 min. o cuando los sabores se han mezclado, revolviendo una vez. Agregar el yogur y el perejil. Tapar la cacerola. Cocinar en HIGH, 2-3 min. o hasta que se caliente.

CARNE CON ZAPALLITOS A LA ITALIANA

4 porciones / 195 cal. cada una

Este delicioso plato principal es un eco del sabor tan popular como las lasagnas y canelones pero con menos calorías. Servirlo con pan y una ensalada mixta.

Ingredientes:
4 zapallitos medianos. 250 gr. de carne de vaca magra picada. 1 diente de ajo picado. 1 cucha-

radita de condimento italiano. 1 cucharadita de sal. 1 lata de puré de tomates. 3/4 taza de queso cottage de bajas calorías. 1 huevo. 1/2 taza de mozzarella desmenuzada.

1- Cortar los zapallitos en mitades. Ahuecar el interior con una cuchara, dejando 1/2 cm. de espesor. Darlos vuelta y colocarlos con el corte hacia abajo en una asadera de 20x30 cm. para M.W. Tapar con papel manteca.

2- Cocinar en HIGH 5-6 min. hasta que estén parcialmente cocinados. Dejar descansar, tapados. Picar finamente la pulpa extraída a los zapallitos.

3- Colocar la carne en un recipiente para MW.

4- Cocinar en HIGH, destapada, 3-$3^{1/2}$ min. o hasta que la carne esté lista, revolviendo una vez. Escurrir la grasa. Agregarle el ajo, el condimento, la sal, la salsa de tomates, el zapallito picado. Taparla.

5- Cocinar en HIGH, 5-$5^{1/2}$ min.

6- Mezclar el queso cottage con el huevo. Escurrir el exceso de liquido de las mitades de zapallitos. Colocarlas boca arriba en una asadera. Rellenarlas con la mezcla del queso. Verter la mezcla de carne sobre la anterior capa. Cubrir con papel manteca.

7- Cocinar en HIGH 8-10 min. o hasta que se caliente uniformemente. Espolvorear con la mozzarella

8- Cocinar en HIGH, destapada, $1^{1/2}$-2 min. o hasta que el queso se derrita. Si desea prepararlos con anticipación sólo hágalo hasta el paso 5°. Complete la elaboración en el momento de servir.

Debemos intentar la superación de nuestras limitaciones
en orden, con paciencia y disciplina.
Richard Bach.

OK MOUSSAKA

4 porciones / 230 cal. cada una

Disfrute de este plato original de Grecia con galletas y una ensalada de frutas frescas.

Ingredientes:
250 gr. de carne magra de vaca o cordero picado. 1 cebolla pequeña picada. 1 lata de tomates con su líquido. 1 cucharada de perejil. 1 cucharada de sal. 1 cucharadita de pimienta. 5 tazas de zapallitos cortados (en cubitos). 1/2 taza de leche descremada. 2 huevos. 3 cucharadas de queso parmesano.

1- Desmenuzar la carne picada en una cacerola para M.W., agregar la cebolla.

2- Cocinar en HIGH, destapado, 3-4 min. o hasta que la carne esté lista, revolviendo una vez. Sacar el líquido. Agregar los tomates, el perejil, la sal y la pimienta

3- Hacer una capa con la mitad de los zapallitos en una asadera de 20 cm. de lado. Poner encima la mitad de la mezcla de la carne; luego otra capa de zapallitos y por último el resto de carne. Tapar con papel manteca.

4- Cocinar en HIGH 15-17 min. o hasta que los zapallitos estén tiernos. Batir juntos la leche con los huevos. Verter sobre todo. Espolvorear el queso. Cubrir con papel especial para M.W.

5- Cocinar en MEDIO-50%, 4-5 min. o hasta que la mezcla de los huevos esté lista. Servir cortado en cuadrados.

Acompañada por un buen griego tipo Zorba.

Consejito:
El el paso 5, a temperatura máxima cocinar 2 min. Dejar reposar 5 min. y cocinar 2-3 minutos más. Los zapallitos se pueden sustituir por berenjenas. Pélelas y córtelas en trocitos de 2 cm.

PASTELES DE CARNE CON SORPRESA DE ZAPALLITOS

5 porciones / 235 cal. cada una

Los zapallitos son una sorpresa de sabor dentro de los pasteles. Seguramente será una de sus favoritas.

Ingredientes:
2 tazas de zapallitos sin pelar, cortados en rodajas. 1 cebolla chica picada. 1/2 cucharadita de sal de ajo. 500 gr. de carne de vaca magra picada. 1/2 cucharadita de sal. 1 cucharadita de pimienta. 1 cucharadita de salsa Worcestershire. 2 cucharadas de pan rallado. 2 cucharadas de queso parmesano. Polvo condimento dorador para carnes. 1/4 taza de yogur natural.

1- Poner los zapallitos y las cebollas en un recipiente para M.W. Cubrir con plástico adherente.

2- Cocinar el HIGH, 3-4 min. o hasta que estén tiernos. Condimentar con la sal de ajo. Escurrir su líquido y guardar 1/4 de taza del mismo.

3- Mezclar la carne picada, la sal, la pimienta, la salsa Worcestershire, la miga de pan, el líquido guardado. Dividir en 10 porciones iguales.

Aplastar cada una hasta obtener hamburguesas de 6 a 7 cm.

4- Colocar la mezcla de zapallitos sobre 5 hamburguesas, dejando los bordes libres y guardar el exceso de líquido en una taza. Espolvorearlos con queso parmesano. Tapar cada uno con otra hamburguesa; presionar los bordes para sellar. Colocarlos en una parrilla para M.W. Espolvorear con el polvo dorador. Cubrir con papel manteca.

5- Cocinar en HIGH, 5-6 min. o hasta que la carne esté hecha. Puede utilizar bandeja doradora. Precalentar 8 minutos.

6- Mezclar el yogur con el líquido de cocción reservado; verter sobre las hamburguesas.

¡Le va a gustar!

Consejito:
Si no tiene suficiente líquido de cocción para hacer 1/4 de taza, utilizar esa cantidad de agua.

SPAGHETTIS CON ALBÓNDIGAS

6 porciones / 325 cal. cada una.

Este fácil plato de bajas calorías puede disfrutarlo toda su familia.

Salsa
1 cebolla mediana picada. 1 diente de ajo picado. 1 cucharada de agua. 1 lata de tomates enteros, con su líquido. 5 tomates frescos picados sin piel. 1 taza da agua. 1 cucharadita de azúcar. 1 cucharada de perejil. 1/2 cucharadita de

orégano. 1/2 cucharadita de albahaca. 1 cucharadita de pimienta.

Albóndigas

450 gr. carne de vaca magra picada. 3 cucharadas de leche descremada. 1/2 taza de gérmen de trigo. 3/4 cucharadita de sal. 1 taza de queso rallado. 1/2 cucharadita de pimienta. 1 paquete de spaghettis (200 gr.)

1- Mezclar la cebolla, el ajo y 1 cucharada de agua en una cacerola grande para M.W. Tapar.

2- Cocinar en HIGH, 3-4- min. o hasta que la cebolla esté tierna. Cortar los tomates y agregar con el resto de los ingredientes de la salsa. Tapar.

3- Cocinar en HIGH, 5-6 min . o hasta que la mezcla hierva. Mezclar. Luego cocinar en -50% 20 min. o hasta que los sabores se mezclen bien, revolviendo una o dos veces Dejar a un lado.

4- Mezclar bien todos los ingredientes de las albóndigas. Formar alrededor de 18 piezas, de 4 cm. aproximadamente. Acomodarlas sobre la bandeja doradora precalentada.

5- Cocinar en HIGH, 3-4 min. o hasta que la carne esté lista. Tirar los jugos y grasas. Incorporar las albóndigas a la salsa. Tapar.

6- Cocinar en HIGH, 4-6 min. o hasta que se caliente. Servir las albóndigas con la salsa sobre los fideos cocidos.

¡Mamma mia! otra que Italia.

Consejito:

Como los spaghettis se recalientan muy bien en el

microondas puede cocinarlos antes y luego llevarlos al horno en un plato apto para él, tapado, de 4 a 6 minutos. A la temperarura máxima use una cacerola de 2 litros.

CAZUELA DE REPOLLO

6 porciones / 190 cal. cada una

El agradable sabor de este guiso lo hace gustoso para toda la familia.

Ingredientes:
500 gr. de carne magra de vaca picada. 1 cebolla chica picada. 1 zarahoria mediana rallada. 3 manzanas verdes ralladas. 4 tazas de repollo cortadito. 4 tomates frescos picados. Cebollines picados, a gusto.

1- Colocar la carne picada en una cacerola para M.W. Agregar la cebolla y la zanahoria.

2- Cocinar en HIGH, destapada, 5-6 min. o hasta que la carne esté cocida, revolviendo una vez; tirar el líquido.

3- Incorporar las manzanas ralladas y el repollo. Tapar la cacerola.

4- Cocinar en HIGH, 14-15 min. o hasta que el repollo esté tierno, revolviendo 1 ó 2 veces. Esparcir los cebollines, si lo desea.

GUISO DE REPOLLO CON CARNE

8 porciones / 175 cal. cada una

Un guiso bajas calorías lleno de sabor y que interesa a la familia.

Ingredientes:
500 gr. de carne de vaca magra picada. 1 cebolla chica picada. 1/3 taza de arroz grano largo, crudo. 1¼ cucharadita de sal. 1 cucharada de perejil. 1 cucharadita de pimienta. 1 ajo. 1 cabeza de repollo chica picada (alr. de 6 tazas). 2 tazas de jugo de tomate.

1- Colocar la carne picada en una cacerola grande (2 lt.) para M.W. Agregar la cebolla.
2- Cocinar en HIGH, destapada, 5-6 min. o hasta que la carne esté hecha, mezclando una vez. Quitar el líquido. Incorporarle el arroz, la sal, el perejil, la pimienta, el ajo y el repollo. Verter el jugo de tomates sobre todo. Tapar la cacerola. Cocinar en HIGH, 9-10 min. o hasta que hierva, revolviendo una vez. Luego cocinar el 60% 13-15 min. o hasta que el arroz esté tierno, mezclando una vez.

Es un exquisito plato otoñal.

TARTA RUBÉN

6 porciones / 230 cal. cada una

El relleno de esta tarta se asemeja al chucrut con queso suizo y con una pizca de alcaravea. Sirva las porciones cor verduras de hoja y pan de centeno.

La auténtica dimensión de la humanidad no es por lo que logres,
sino por lo que anheles lograr.

Ingredientes:

500 gr. de carne magra de vaca. 1/4 taza de cebolla picada. 1 huevo. 1/2 taza de avena arrollada (Quaker). 1/2 cucharadita de sal. 1/2 cucharadita de sal de ajo. 1/2 cucharadita de pimienta. 3/4 taza de queso. 1 cucharadita de semillas de alcaravea. 3/4 taza de queso Suizo desmenuzado. 1 lata de chucrut escurrido.

1- Colocar la carne picada, la avena, el huevo, el condimento, las sales y la pimienta en un bowl grarde; mezclar bien. Presionar esta mezcla en el fondo y los bordes de una tartera de 23 cm. de diámetro.

2- Cocinar en HIGH, destapada, 5-6 min. o hasta que la carne esté lista y no esté más rosada. Absorber la humedad con papel para M.W.

3- Mezclar el chucrut la alcaravea y el queso. Colocar sobre la carne uniformemente.

4- Cocinar en HIGH, destapada, 4-5 min o hasta que el queso se derrita. Dejar reposar 5 min. antes de cortar en triángulos para servir.

Consejito:

Si las calorías no le preocupan aumente la cantidad de queso a $1^{1/2}$-2 tazas.

HAMBURGUESAS COMO PIZZETAS

5 porciones / 250 cal. cada una

Estas hamburguesas con cubierta de pizza se pueden servir sobre mitades de muffins tostados. Si Ud. no intentó hacer hamburguesas en el microondas, éste es un especialmente atractivo y gustoso modo de empezar.

Ingredientes:
500 gr. de carne de vaca magra picada. 1 huevo 2 cucharadas de miga de pan. 1 cucharadita de sal de ajo. 1 cucharadita de pimienta. 1/2 lata de puré de tomate. 2 cucharadas de cebolla finamente picada. 1/2 cucharadita de azúcar. 1 cucharadita de orégano. 1 taza de apio picado fino. 1/2 taza de muzarella desmenuzada (60 gr.).

1- Mezclar la carne picada, el huevo, la miga de pan, la sal y la pimienta. Hacer 5 hamburguesas de alrededor de 7,5 cm. de diámetro. Aplastar el centro de cada una dejando una orilla de 1 cm. de ancho en los bordes algo más alta. Acomodarlas en una bandeja doradora.

2- Mezclar la pasta de tomate, la cebolla, el azúcar y el orégano. Poner esta mezcla parejamente sobre cada hamburguesa, a la altura de los bordes más altos. Poner encima los trocitos de apio y el queso.

3- Cocinar en HIGH, destapados, $7^{1/2}$-$8^{1/2}$ minutos o hasta que las hamburguesas tengan la cocción deseada.

Consejito:
Los apios se pueden reemplazar por ajíes picados o champignones fileteados; las calorías variarán, en consecuencia.

GUISO DE BROTES DE HABAS O ARVEJAS O SOJA

4 porciones / 175 cal. cada una

Los brotes frescos dan sabor y textura a este guiso.

Ingredientes:
250 gr. de carne de vaca magra picada. 1 cebolla chica, picada. 1 diente de ajo picado. 1/3 taza de ají verde picado. 1 cucharada de fécula de maíz. 1 cucharadita de caldo de carne. 1 cucharadita de azúcar. 1/2 cucharadita de sal. 1 cucharadita de pimienta. 1/2 taza de agua. 1/4 taza de puerros picados. 1 lata de castañas de cajú picadas. 3 tazas de brotes de habas o alfalfa o soja.

1- Desmenuzar la carne picada en una cazuela grande para M.W.. Agregar la cebolla, el ajo y el ají verde.
2- Cocinar en HIGH, destapado, 2-4 min. o hasta que la carne esté hecha, revolviendo una vez. Escurrir los jugos.
3- Agregar el resto de los ingredientes excepto los brotes. Tapar.
4- Cocinar en HIGH, 4-5 min. o hasta que la mezcla hierva, revolviendo una vez. Incorporar los brotes. Tapar.
5- Cocinar en HIGH, 4-5 min. o hasta que los brotes estén tiernos y crocantes.

BROCHETTES MARINADAS SHISH

6 porciones / 60 cal. cada una

Deje que sus invitados se preparen su propia brochette a elección. Si la reunión es al aire libre puede omitir el 5to paso y poner directamente en la parrilla o bandeja doradora.

Ingredientes:
450 gr. de pierna de cordero deshuesada. 1/4 taza de aceite de oliva u otro aceite. 1 cucharada de vinagre. 1 cucharadita de cebolla picada 1 cucharadita de ajo en polvo. 3 zanahorias medianas cortadas en trozos de 2,5 cm. 4 cebollas cortadas en cuartos. 2 cucharadas de agua. 2 cucharadas de polvo condimentador para carnes. 2 tazas de champignones frescos enteros.

1- Quitar el exceso de grasa de la carne. Cortarla en cubos de 2,5 cm. Colocarlos en una bolsa de plástico. Aparte mezclar bien el aceite, el vinagre, la cebolla picada y el polvo de ajo. Echar esto sobre la carne. Dar vuelta la carne para cubrirla uniformemente. Cerrar la bolsa y refrigerar por lo menos una noche o hasta 2 días.

2- Poner las zanahorias y el agua en una cacerola para M.W. Taparla.

3- Cocinar en HIGH, 4-5 min. o hasta que las zanahorias estén casi tiernas.

4- Escurrir la carne; cubrir con condimento dorador. Ensartar la carne, las zanahorias, las cebollas y los champignones alternativamente en palitos de bambú de 25 cm. Colocar las brochettes en una bandeja doradora precalentada. (Refrigerarlas si no las cocina inmediatamente).

5- Cocinar en HIGH 9-10 minutos o hasta que la carne tenga el cocimiento deseado y las verduras estén tiernas, reacomodando las brochettes una vez.

Consejitos:
Las brochettes. pueden ser cocinadas en el grill. Omitir el polvo dorador, utilizar palitos de metal y no rea-

lizar el paso 5°. Cocinarlas en el grill 12-15 min. Usted puede sustituir el cordero por 1-1$^{1/2}$ Kg. de lomo de cerdo cortado en trozos de 2,5 cm.; la cantidad de calorías variará en consecuencia. Puede usarse otras verduras en las brochettes. Algunas como los zapallitos y los tomates, no requieren precocido. Otras, como la coliflor y las papas deberán precocinarse hasta que estén casi tiernas.

CERDO CON ARVEJAS NEVADAS

6 porciones / 300 cal. cada una

Mientras esta mezcla de carne de cerdo de tipo oriental se cocina en el microondas ponga el arroz a hervir lentamente en un recipiente chato. Pre-dorar el cerdo en bandeja doradora mejora su ternura y sabor.

Ingredientes:
450 gr. de cerdo sin hueso cortado en tiras finitas. 1 cucharada de aceite. 1 diente de ajo picado. 1 cebolla chica picada. 1 taza de agua. 2 cucharadas de fécula de maíz. 2 cucharadas de salsa de soja. 1/2 cucharadita de pimienta de Jamaica. 2 tazas de apio picado grueso. 1 paquete de arvejas congeladas o frescas. 1/3 taza de castañas de Cajú saladas (alr. de 60 gr.).

1- Calentar el aceite en una cacerola a temperatura mediana. Incorporar la carne y dorarla bien, revolviendo de vez en cuando. Agregar el ajo y la cebolla; dorar apenas. Sacar del calor. Aparte mezclar la fécula con el agua y

agregar a la carne. Incorporar el resto de los ingredientes, excepto las arvejas.
2- Cocinar en HIGH 14-16 min. o hasta que el apio tenga el cocimiento deseado. Agregar las arvejas. Tapar.
3- Cocinar en HIGH 4-5 min. o hasta que las arvejas estén calientes, revolviendo una vez. Esparcir con las castañas de Cajú. Si desea, servir con arroz.

CHOW MEIN DE CERDO

6 porciones / 275 cal. cada una

Sirva este plato chino sobre arroz o fideos saltados.

Ingredientes:
400 gr. de cerdo magro picado grueso. 1/4 taza de salsa de soja. 3 cucharadas de fécula de maíz. 2 cucharadas de jerez seco o vino blanco. 2 cucharaditas de azúcar. 1 taza de zanahorias finamente cortadas. 1 cucharada de agua. 225 gr. de brotes de habas frescas (4 tazas). 1 paquete de chauchas congeladas o frescas (200 gr.). 3 cebollas de verdeo cortadas finamente. 1/2 taza de agua.

1- Poner la carne, la salsa de soja, la fécula, el jerez y el azúcar en una cacerola para M.W.; mezclar bien. Tapar; dejar reposar 10 min.
2- Colocar en un recipiente chico la zanahoria y 1 cucharada de agua. Tapar con plástico adherente.
3- Cocinar en HIGH 2-3 min. o hasta que esté tierna y crocante. Incorporar la zanahoria a la mezcla de carne. Tapar.

4- Cocinar en HIGH 6-7 min. o hasta que no esté rosada, revolviendo una vez. Agregar los brotes de habas, las chauchas, las cebollas de verdeo, el agua y el caldo a la mezcla de carne, revolviendo una vez. Taparla.

5- Cocinar en HIGH 3-4 min. o hasta que se espese suavemente, mezclando una vez.

Sorprenda a su marido, pida prestado un kimono será una noche misteriosa...

CARNE CON BERENJENA A LA ITALIANA

6 porciones / 275 cal. cada una

Carne picada combinada con berenjenas y tomates para un sabroso guisito.

Ingredientes:
400 gr. de lomo picado. 2 cucharadas de miga de pan. 1 cebolla chica picada. 1 taza de apio pi-cado. 2 cucharadas de aceite. 2 berenjenas medianas peladas y picadas. 3 tomates medianos picados. 1/3 taza de aceitunas picadas. 1$^{1/2}$ cucharadita de orégano fresco o seco. 1 cucharadita de sal. 1 cucharadita de azúcar. 1/2 taza de queso parmesano.

1- Desmenuzar la carne picada en cacerola para M.W.

2- Cocinar en HIGH, destapada, 5-6 min. o hasta que la carne esté lista, revolviendo una vez. Sacar los jugos de cocción. Agregar la miga de pan; dejar a un lado.

3- Colocar juntos en un recipiente grande para M.W. la cebolla, el apio y el aceite. Tapar.

4- Cocinar en HIGH, 5-6 min. o hasta que estén tiernos. Agregarle la berenjena. Tapar nuevamente.

5-Cocinar en HIGH, 5-6 min. o hasta que la berenjena esté tierna. Incorporar la carne picada y el resto de los ingredientes. Revolver suavemente.

6- Llevar al M.W., destapada, y calentar durante 5 min. Servir, espolvorear con queso.

CHUCRUT CON SALCHICHAS AHUMADAS

6 porciones / 180 cal. cada una

Las manzanas, el azúcar negro y las semillas de alcaravea le dan un toque diferente.

Ingredientes:

2 manzanas picadas. 1 cebolla mediana picada. 1 cucharada de margarina. 1 lata de chucrut escurrido (450 gr.). 2 cda. de azúcar negro. $1^{1/2}$ cucharadita de fécula de maíz. 1 cda. de semillas de alcaravea. 1/4 taza de vino blanco. 1/4 taza de agua. 225 gr. de salchichas ahumadas de bajas calorías.

1- Colocar las manzanas, la cebolla y la margarina en una cacerola para M.W. Taparla.

2- Cocinar en HIGH 5-6 min. o hasta que estén tiernas.

3- Escurrir el chucrut. Enjuagarlo con agua y volver a escurrirlo, quitando bien todo el exceso de líquido. Agregarlo a la cebolla junto con el azúcar, la fécula y la alcaravea. Revolver para mezclar. Incorporar el vino y el agua.

Cortar las salchichas en trocitos; incorporarlas al chucrut. Tapar la cacerola.

4- Cocinar en HIGH, 8-10 minutos o hasta que se caliente uniformemente, revolviendo una vez.

Consejitos:
Puede sustituir el vino blanco por jugo de manzanas más 1 cucharada de jugo de limón. Con una buena polka se sentirá en Frankfurt.

LONJAS DE JAMÓN AL GLASÉ AROMÁTICO DE NARANJA

5 porciones / 160 cal. cada una

La familia entera disfrutará de este glasé tan sabroso y fácil de elaborar.

Ingredientes:
450 gr. de jamón desgrasado. 2 cdas. de mermelada de naranja. 1 cda. de mostaza tipo Dijon. 1/8 cdta. de clavo de olor en polvo. 1 naranja cortada en rodajas finitas. Ramitas de perejil.

1- Cortar el jamón en 5 tajadas. Acomodarlas en una parrilla para M.W. cubrir con papel manteca.

2- Cocinar en HIGH, 3-4 minutos o hasta que se caliente; dejar a un lado. En un recipiente pequeño para M.W. mezclar la mermelada, la mostaza y el clavo de olor.

3- Cocinar en HIGH 30-45 segundos o hasta que esté espumosa. Verter el glaseado sobre las lonjas de jamón. Adornar con rodajas de naranja y ramitas de perejil.

ARROLLADITOS DE TERNERA
A LA PARMESANA

5 porciones / 270 cal. cada una

Arrolladitos rellenos de zapallitos sabrosos y coloridos.

Ingredientes:
450 gr. de zapallitos desmenuzados (alr. de 4 tazas). 1/4 cuchardita de sal. 1/2 cucharadita de orégano. 1/2 cucharadita de tomillo. 450 gr. de bifecitos finos de ternera. 1 lata de salsa de tomate (225 gr.). 1 cucharadita de albahaca, 1/2 cucharadita de ajo en polvo. 1/2 taza de mozarella desmenuzada (60 gr.).

1- Poner los zapallitos con el agua en un recipiente mediano para M.W. Tapar con envoltura plástica.

2- Cocinar en HIGH 4-5 min. o hasta que los zapallitos estén tiernos. Colar bien. Agregar el orégano y el tomillo, mezclando bien. Verter esta mezcla sobre los bifecitos. Envolverlos, empezando por el extremo más angosto. Si es necesario, sujetar con palillos. Colocarlos en una asadera apta para M.W. de 20x30 cm. Cubrir con envoltura plástica.

3- Cocinar en HIGH 4-5 min. o hasta que estén hechos. Quitar el líquido de cocción. Mezclar la salsa de tomate, la albahaca y el ajo. Verter sobre los arrolladitos de carne. Tapar con envoltura plástica.

4- Cocinar en MEDIO-50% 8-10 min. Pasarlos a una fuente para servir cubriendo con la mozarella desmenuzada.

El éxito y el fracaso son dos impostores
Jorge Luis Borges..

Consejito:

El el paso 4°, con temperatura máxima cocinar 5 min., descansar 5 min.

PLATO CALIENTE DE BROTES DE HABAS Y BROCÓLIS

6 porciones / 255 cal. cada una

Trocitos de cerdo, brotes de habas frescos y brócolis cocinados en una sabrosa salsa de soja.

Ingredientes:
1 cebolla mediana cortada. 1 diente de ajo picadito. 1 cucharada de agua. 450 gr. de cerdo magro picado grueso. 3/4 taza de agua. 1/4 taza de salsa de soja. 2 cucharadas de fécula de maíz. 2 cucharaditas de caldo de gallina. 1/4 cucharadita de jengibre en polvo. 2 tazas de brócoli fresco en trozos de 2,5 cm. 1 taza de ciruelas descarozadas. 225 gr. de brotes frescos de habas, enjuagados y escurridos (4 tazas).

1- Poner la cebolla, el ajo y 1 cucharada de agua en una cacerola grande para M.W. Taparla.

2- Cocinar en HIGH 2 min. o hasta que las verduras estén tiernas. Separar la carne y agregarla a la mezcla de cebollas.

3- Cocinar en HIGH, destapada, $4^{1/2}$-5 min. o hasta que la carne ya no esté rosada, mezclando una vez.

4- Incorporar el resto de los ingredientes, excepto los brotes de habas. Tapar.

5- Cocinar en HIGH, $6^{1/2}$-$7^{1/2}$ min. o hasta que hierva, revolviendo una vez.
6- Añadir los brotes de habas; revolver suavemente. Tapar.
7- Cocinar en HIGH $3^{1/2}$-4 min. o hasta que los brotes estén tiernos-crocantes.

Consejito:
Los brotes frescos pueden sustituirse por los envasados. Escurrir una lata de 450 gr. y agregar directamente en el paso 6to.

BROCHETTES DE CERDO AGRIDULCES

5 porciones / 295 cal. cada una

Cubos de cerdo, trozos de zanahorias, ananá y ají dispuestos alternadamente en palillos para brochettes y glaseados con una salsa agridulce suave.

Ingredientes:
6 zanahorias peladas y cortadas el trozos de 2,5 cm. 2 cucharadas de salsa de soja. 450 gr. carne de cerdo magra, sin hueso, cortada en cubos de 2,5 cm. 1 lata de ananá en trozos, escurrido. 2 cucharadas de azúcar. 2 cucharaditas de fécula de maíz. 1 cda. de salsa de soja. 1 cda. de vinagre. 1 ají verde cortado en trozos de 2,5 cm. 5 palitos de madera de bambú de 15 cm.

1- Poner las zanahorias con las 2 cucharadas de salsa de soja en una cacerola para M.W. Taparla.

2- Cocinar en HIGH 3-3$^{1/2}$ min. o hasta que se caliente al vapor. Agregar los trozos de cerdo. Tapar.

3- Cocinar en HIGH 7-8 min. o hasta que la carne esté cocida, mezclando una vez. Dejar a un costado.

4- Pasar el líquido del ananá a un recipiente apto para M.W.; reservar el ananá. Incorporar el azúcar, la fécula, 1 cucharada de salsa de soja, el vinagre al líquido del ananá; mezclar hasta obtener una consistencia cremosa.

5- Cocinar en HIGH, destapada, 3-4 min. o hasta que hierva y se espese, revolviendo una vez.

6- Ensartar las zanahorias, ananás, ajíes y carne alternadamente en los palillos de bambú. Acomodarlos en una fuente para M.W.; pinchar con la salsa agridulce. Cubrir con papel manteca.

7- Cocinar en HIGH 5-6 minutos o hasta que se calienten, rotando los brochettes.

Consejito:
Para un cocimiento uniforme, usar zanahorias de igual tamaño. El ají verde quedará crocante. Para una textura más blanda, agréguelos a la carne durante los 3 minutos últimos de la cocción. El ananá puede ser fresco, contiene menos azúcar.

CAPÍTULO 8
SOPAS Y SANDWICHS

Comenzar una comida tomando una sopa "bien caliente" puede quitarle gran parte de ansiedad pues tiene gran poder de saciedad. Encontrará una selección de sopas muy livianas en cuanto a calorías pero muy suculentas y sabrosas. Los sandwiches pueden ser calentados en el microondas. En el momento de llevar a la mesa, recomendamos el uso de una bandeja de servir pero cuando se trata de calentar el pan o los sandwiches preferimos la utilización de servilletas de papel o bien de la bandeja doradora previamente calantada 5 min., para que no se impregnen de humedad. Trate de evitar el recocinado de los sandwiches ya que el pan podría quemarse y resultará duro y seco.

SOPA DE ALMEJAS

6 porciones / 140 cal. cada una

Este plato pasado de moda pero vigoroso, aún es de los favoritos. Comprobará que fácil resulta su preparación para el microondas y que puede servirse tanto como 1ero o 2do plato.

Ingredientes:
2 fetas de panceta. 1 lata de almejas 200 gr. 1 papa grande cortada en cubos (1 taza). 1/2 ta-

za de apio picado. 1 cebolla chica picada . 2 tazas de leche descremada. 3 cucharadas de harina. 3/4 cucharadita de sal. 1/4 cucharadita de tomillo. 1/4 cucharadita de pimienta. 1 cucharadita de perejil.

1- Colocar la panceta en una capa en una cacerola. Cubrir con papel especial para M.W.

2- Cocinar en HIGH 3-4 min. o hasta que la panceta esté crocante. Sacar la panceta y dejar a un lado.

3- Agregar el líquido de las almejas, las papas, el apio y la cebolla. Tapar la cacerola.

4- Cocinar en HIGH 10-12 min. o hasta que las verduras estén tiernas. Mezclar la leche con la harina hasta que esté cremosa y agregarla a las verduras. Echar la sal, el tomillo, la pimienta y el perejil.

5- Cocinar en HIGH, destapada, 7-8 min. o hasta que hierva y espese, revolviendo 2 ó 3 veces durante la última mitad del tiempo de cocción. Incorporar las almejas.

6- Llevar al microondas, destapada, y mantener en HIGH 1 a 2 minutos o hasta que se caliente bien. Desmenuzar la panceta y esparcir sobre la sopa.

Consejito:
Si emplea almejas frescas cortadas utilice alrededor de 300 gramos; agregue agua hasta cubrirlas en una cacerola. Taparla y cocinar en HIGH 4-5 minutos o hasta que estén listas.

SOPA DE MAR

6 porciones / 205 cal. cada una

Las sopas son siempre ideales para los días de invierno. Ésta puede ser el plato principal para compartir en familia o bien una suculenta entrada para una cena de negocios.

Ingredientes:
2 zanahorias medianas picadas 2 papas medianas cortadas en cubos. 1 cebolla chica picada. 2 cucharadas de margarina. 200 gr. de calamares cocidos y picados. 1 lata de choclo desgranado escurrido. 1 pqte. de camarones cocidos congelados de 280 gr. $2^{1/2}$ tazas de leche descremada. 1/4 taza de harina común. 1 cucharadita de sal. 1 cdta. de pimienta. Ciboulette picadas, cantidad necesaria para espolvorear.

1- Colocar las zanahoria, la papa, la cebolla, la margarina, 4 cucharadas de agua en una cacerola para M.W. Cubrir con su tapa.
2- Cocinar en HIGH 10-11 min. o hasta que los vegetales estén tiernos, revolviendo una vez. Incorporar los calamares, el choclo y los camarones. Mezclar la leche con la harina, la sal, la pimienta y el tomillo. Mezclar con las verduras; taparla.
3- Cocinar en HIGH 12-14 min. o hasta que rompa el hervor, revolviendo 2 veces, durante los últimos min. del tiempo de cocción. En esa sopera que Ud. adora espolvoree con la ciboulette.

Consejito:
Los camarones congelados pueden ser reemplazados por camarones envasados o pescado cocido desmenuzado. Reduzca el tiempo de cocción a 10-12 min. en el 3er paso.

SOPA MEDITERRÁNEA

6 porciones / 135 cal. cada una

Esta sopa de mariscos puede ser el principio de una descansada comida.

Ingredientes:
1 echalote picado fino. 1/3 taza de apio picado. 1/2 taza de agua. 1/3 taza de harina común. 1/2 cucharadita pimentón dulce. 1/2 cucharadita de sal. $1^{1/2}$ taza de leche descremada. 2 cucharadas de vino blanco seco. 1 cucharada de jugo de limón. 1 paquete de camarones cocidos y congelados de 170 gr. 1 taza de leche. 1 taza de crema descremada.

1- Poner el echalote, el apio y el agua en una cacerola para M.W. Taparla.

2- Cocinar en HIGH 4-5 min. o hasta que las verduras estén tiernas. Mezclar juntos la harina, el pimentón, la sal y la leche hasta obtener consistencia cremosa. Agregar a las verduras.

3- Cocinar en HIGH, destapada, 4-5 min. o hasta que la mezcla hierva y se espese, revolviendo 2 ó 3 veces. Incorporar el vino, el jugo de limón, la salsa y los camarones. Revolver hasta que estos se descongelen. Incorporar la leche y crema.

4- Cocinar en HIGH, destapada, 2-3 min. o hasta que el calor se distribuya.

Consejito:
Si prefiere, sustituya el echalote por 1 cebolla chica

picada y un diente de ajo. Esta sopa es rica también si la sirve fría.

Sugerencia o Experiencia comprobada. Su energía irá rápidamente en aumento. Distribúyala bien. Su mujer necesita de esa energía mágica que usted ya comienza a sentir.

SOPA DE CERVEZA CON QUESO

6 porciones / 220 cal. cada una

Una sopa muy liviana con un rico y suave sabor a queso. Los que la probaron, dicen que en su estilo, es la más deliciosa que hay.

Ingredientes:
1/2 taza de apio finamente picado. 1/2 taza de zanahoria finamente picada. 3 cebollas de verdeo cortaditas. 1 diente de ajo picado. 2 cucharas de agua. 2 tazas de caldo de gallina. 1/3 taza de fécula de maíz. Cerveza (170 g.). 1 taza de queso crema. 1 taza de pochoclo salado.

1- Colocar el apio, la zanahoria, la cebolla, el ajo y el agua en una cacerola. Taparla.
2- Cocinar en HIGH 5-6 min. o hasta que las verduras estén tiernas, revolviendo una vez. Incorporar $1^{1/2}$ taza de caldo. Tapar.
3- Cocinar en HIGH 8-9 min. o hasta que se caliente bien. Mezclar la fécula con 1/2 la taza de caldo restante. Echar a la sopa caliente, revolviendo hasta que se mezclen.
4- Cocinar en HIGH, destapada, 4-5 min. o hasta que

la sopa hierva y revolviendo 1 ó 2 veces. Incorporar la cerveza y el queso.
5- Llevar al microondas, destapada y mantener en HIGH 2-3 min. o hasta que el calor se distribuya bien y espolvorear con el pochoclo.

Además de rica es divertida.

SOPA DE POLLO CON FIDEOS

6 porciones / 215 cal. cada una

Estas económicas alitas de pavita proveen a esta sopa de las proteínas necesarias y de un rico sabor.

Ingredientes:
500 gr. de alas de pollo. 2 tallos de apio picado. $1^{1/2}$ taza de zanahorias finamente cortadas. 1 cebolla mediana picada. 1 diente de ajo. 2 cucharadas de perejil cortado. 1 cucharada de caldo de gallina en polvo. $1^{1/2}$ cucharadita de sal. 8 tazas de agua. 2/3 tazas de fideos dedalitos.

1- Mezclar todos los ingredientes, excepto los fideos en una cacerola para M.W. Taparla.
2- Cocinar en HIGH 15 min. Luego pasar a LOW 30% y mantener 10 min. o hasta que las alas estén tiernas. Quitar la piel de las alas cuando se enfríen. Cortar la carne en trocitos pequeños; incorporar a la sopa. Sacar el ajo. Agregar los fideos, cocinar 5 min. más o hasta que estén cocidos. Servir.

Consejitos:
Para facilitar la extracción del ajo, pincharlo con un palillo antes de incorporarlo a la sopa. Queda muy rica espolvoreada con un buen queso rallado.

SOPA DE COLIFLOR ATERCIOPELADA

6 porciones / 100 cal. cada una

Una delicia de gourmet; una rica sopa cremosa de coliflor y zapallito.

Ingredientes:
2 zapallitos medianos. 2 tazas de trocitos de coliflor. 2 tazas de caldo de verdura. 1/2 cucharadita de sal de ajo. 1 taza de leche descremada. 2 cucharadas de harina. 1 cucharadita de estragón.

1- Cortar los zapallitos en mitades. Cortarlas en rodajas hasta tener 2 tazas. Colocar los zapallitos, la coliflor, el caldo y la sal de ajo en una cacerola de 2 litros. Taparla.

2- Cocinar en HIGH 10-11 min. o hasta que las verduras estén tiernas.

3- Agregar la harina disuelta en la leche, cocinar en HIGH 3 min. revolviendo en la mitad de la cocción.

4- Incorporar el estragón, darle 1 min. más hasta que esté caliente y servir, si se quiere ponerle 2 o 3 cucharadas de queso parmesano rallado grueso.

Alegría y amor, son las alas de las grandes empresas.
Goethe.

SOPA DE VERDURAS JARDINERA

6 porciones / 60 cal. cada una

Una deliciosa sopa de verduras cremosa. Seleccione Ud. misma la variedad de verduras que prefiera, teniendo en cuenta la estación propicia.

Ingredientes:
3 tazas de agua. 2 papas medianas en cubitos. 1 diente de ajo, picado. 4 cebollas de verdeo cortadas. 1 taza de zanahoria en rodajas finas. 1 taza de hojas de espinacas. 1/2 taza de apio cortados en juliana. 1/4 cucharadita de sal. 1 cucharadita de albahaca seca. 1 cucharadita de eneldo. Pimienta a gusto. 1/3 taza de yogur natural.

1- Colocar el agua, las papas, el ajo, las cebollas, la zanahoria, la espinaca, el apio, la sal, la albahaca, el eneldo y la pimienta en una cacerola para M.W. Taparla.

2-· Cocinar en HIGH 9-10 min. o hasta que hierva. Luego, pasar a MEDIO-50% durante 12 min. o hasta que las verduras estén tiernas. Dejar reposar 10 minutos.

3- Colocar la sopa en la procesadora. Taparla y procesar a mediana velocidad hasta obtener una consistencia cremosa. Incorporar el yogur a la cacerola y revolverlo hasta que esté cremoso.

Ir agregando la mezcla de verduras de a poco, revolviendo para mantenerla cremosa.

4- Cocinar en HIGH, destapada, 2-3 min. o hasta que se caliente en forma pareja, mezclando una vez. (Que no alcance a hervir).

Consejitos:
Puede utilizar otras verduras favoritas. Tome la cantidad semejante de las mismas para iguales tiempos de cocción.

VICHYSSOISE DORADA

6 porciones / 215 cal. cada una

Las zarahorias realzan el sabor y color de esta tradicional vichyssoise (sopa de papas fría).

Ingredientes:
4 puerros cortados (só, lo la parte blanca). 1/2 taza de apio cortado. 4 zanahorias en rodajitas. 1 diente de ajo. 3 papas medianas peladas y cortadas en rodajas. 1 sopa de puerros. 1 cdta de sal. $1^{1/2}$ taza de queso blanco descremado. 2 cdtas de cebollines picados. Cebollines para adornar.

1- Colocar los puerros, el apio, el ajo, las papas, las zanahorias, el caldo y la sal en un recipiente para M.W. Cubrir con papel adherente.
2- Cocinar en HIGH 16-18 min. o hasta que las verduras estén tiernas. Dejar en reposo 10 min.
3- Colocar la sopa en la procesadora. Tapar y procesar a velocidad media hasta que esté cremosa. Pasar nuevamente al bol. Enfriar.

SOPA CREMA DE PAPAS

4 porciones /195 cal. cada una

Cocine esta cremosa sopa de bajas calorías a temperatura baja para que los sabores se mezclen bien.

Ingredientes:
3 tazas de cubitos de papas. 1 cebolla chica picada. 1/2 taza de apio picado. 1 cubito de caldo de verdura. 1/4 taza de agua. 2 tazas de leche descremada. 2 cucharadas de perejil. Pimienta a gusto.

1- Colocar las papas, la cebolla, el apio el caldo y el agua en una cacerola para M.W. Taparla.

2- Cocinar en HIGH 12-15 min. o hasta que las verduras estén tiernas, mezclando 2 veces. Incorporar el resto de los ingredientes.

3- Cocinar en MEDIO-50%, tapada, 6-7 min. o hasta que se caliente bien, revolviendo una vez.

 SOPA CREMA DE BRÓCOLI

6 porciones / 125 cal. cada una

Para esta sopa tan suave puede utilizar tanto brócoli fresco como congelado. Pruébelo como plato para el almuerzo o para comenzar la cena.

Ingredientes:
450 gr. de brócoli fresco, cortado en trozos chicos. 1 cebolla chica picada. 1/4 taza de apio picado. 2 tazas de agua. 2 cubitos de caldo de verdura. 1 cucharadita de pimienta. 2 ajos. 1 taza de leche descremada. 1 taza yogur descre-

mado. 3 cucharadas de harina. 1 cucharada de jugo de limón. 6 cucharadas de queso parmesano.

1- Colocar el brócoli, la cebolla, el apio, el agua, el caldo y el ajo en una cacerola para M.W. Taparla.

2- Cocinar en HIGH 15-17 min. o hasta que las verduras estén tiernas. Dejar reposar 10 min. Colocar la sopa en la procesadora. Tapar y procesar a velocidad media hasta obtener una mezcla cremosa. Verter nuevamente en la cacerola.

3- Mezclar la leche, la harina y el yogur. Cocinar en HIGH 3 min. revolviendo una vez. Verificar el condimento.

4- Agregar el jugo de limón y espolvorear el queso.

5- Calentar y servir.

SOPA DE CEBOLLAS
A LA FRANCESA

6 pociones / 190 cal. cada una

Esta sopa tan original lleva caldo de carne y de pollo. El resultado es un sabor muy suave que podemos servirlo como una agradable entrada o como una comida en sí misma.

Ingredientes:

2 cucharadas de margarina. 3-4 cebollas medianas cortadas finamente (3-4 tazas). 1 cubito de caldo de gallina. 1 cubito caldo de carne. 3 tazas de agua. 1 cucharada de salsa Worcestershire. 3 tajadas de pan francés tostado. 1/4

taza de queso parmesano. 1/2 taza de queso
Suizo desmenuzado (60 gr.).

1- Colocar la margarina con las cebollas en una cacerola para M.W. Taparla.
2- Cocinar en HIGH 15 min. o hasta que las cebollas
estén tiernas, revolviendo una vez. Agregar los caldos, el
agua y la salsa Worcestershire.
3- Cocinar en HIGH 9-10 min. o hasta que todo se
caliente bien.
4- Verter en 6 platos soperos para M.W. Poner encima 1/2 tostada. Esparcir los quesos en forma pareja.
5- Cocinar en HIGH, destapados, 2-3 min. o hasta
que se derritan los quesos. O poner los platos debajo del
grill, dorar suavemente el queso.

Consejitos:
Esta sopa se puede preparar con anticipación hasta
el 4° paso.

SOPA DE PEPINOS FRÍA

5 porciones / 70 cal. cada una

Sirva esta sopa fría en lugar de una ensalada o como
primer plato.

Ingredientes:
3 pepinos. 1 cebolla chica picada. 1 cucharada
de harina. 2 tazas de caldo. 1/2 cucharadita de
sal. 1/4 cucharadita de eneldo. 3/4 taza de
yogur natural.

1- Corte $2^{1/2}$ pepinos (deje a un lado la mitad de uno. Cortarlos en cuartos y sacar las semillas. Picarlos y ponerlos en un bol de 2 litros. Incorporar la cebolla y la harina. Mezclar el caldo. Agregar la sal y el eneldo. Cubrir con envoltura plástica. 2-Cocinar en HIGH 13-14 min. o hasta que la mezcla hierva y los pepinos estén traslúcidos, revolviendo 2 veces. Dejar reposar 10 minutos. 3- Llevar la sopa a la licuadora o procesadora. Tapar y procesar a media velocidad hasta que esté cremosa. Verter de nuevo en el bol. Enfriar. Mezclarle el yogur. Con un tenedor marcar la piel del medio pepino reservado. Cortarlo en cuartos y luego en rodajas; agregarlo a la sopa. Cubrir y refrigerar hasta que esté fría.

SOPA CREMA DE ESPÁRRAGOS

6 porciones / 150 cal. cada una

A una sopa cremosa se le agregan los espárragos hechos puré, ideal para una comida primaveral.

Ingredientes:
2 paq. de espárragos cortados y congelados o frescos. 1 cebolla chica picada. 1/2 taza de agua. 2 cucharadas de margarina. 1/4 taza de harina común. 1 cucharadita de estragón. 1/2 cucharadita de sal. 1/4 cucharadita de pimienta. 1 taza de leche con crema (mitad y mitad). 2 tazas de leche descremada. 1 cucharada de jugo de limón. 1 ramito de romero fresco.

1- Colocar los espárragos, la cebolla y el agua en una cacerola de 2 litros para M.W. Taparla. Reservar.
2- Cocinar en HIGH 9-10 min. o hasta que las verduras estén tiernas, mezclando una vez. Dejar reposar 10 min. Llevar a la licuadora o la procesadora hasta obtener consistencia cremosa. Dejar aparte.
3- Cocinar en HIGH la margarina en una cacerola 30-45 seg. o hasta que se derrita, agregarle la harina, la taza de leche, el estragón, la sal y la pimienta. Gradualmente incorporar la mezcla de espárragos, la leche con la crema y la leche. Tapar la cacerola.
4- Cocinar en HIGH 9-10 min. o hasta que la sopa hierva, revolviendo 2 veces. Agregar el jugo de limón y servir. Adornar con ramitos de romero.

Consejitos:
Puede utilizar espárragos frescos. Puede sustituir los espárragos por brócoli cortado.

GAZPACHO

4 porciones / 80 cal. cada una

Esta sopa de tomate fría contiene una mezcla interesante de sabores de caldo de pollo y verduras.

Ingredientes:
2 tazas de caldo de gallina. 1 cebolla chica picada. 1 tallo de apio con las hojas cortaditas. 1 hoja de laurel. 6 granos de pimienta. 1 ramito de perejil fresco. 3 tomates frescos sin piel. 1 zanahoria mediana. 1/4 de ají. 1/2 pepino sin

semillas. 1 cucharadita de jugo de limón. 1 cucharada de albahaca fresca. 1/4 cucharadita de ajo en polvo. 3-4 gotas de salsa picante. 4 rodajas de limón.

1- Colocar el caldo, la cebolla el apio, la hoja de laurel, la pimienta y el perejil en una cacerola para M.W. Taparla.

2- Cocinar en HIGH 4-5 min. o hasta que largue vapor. Dejar a un lado para enfriar, Cuando esté frío, colar y reservar el caldo.

3- Cortar en dados los tomates, la zanahoria, el ají y el pepino; colocarlos en la licuadora o procesadora. Tapar y procesar a mediana velocidad hasta obtener una crema. Incorporar el caldo; agregar el jugo de limón, la alhahaca, el ajo en polvo y la salsa de picante. Enfriar completamente. Adornar las porciones individuales con las rodajas de limón.

Consejito:
Los tomates frescos se pueden sustituir por 1 lata de 450 gr. de tomates al natural, no puré.

SOPA DE BERRO

6 porciones / 90 cal. cada una

Puede variar o sustituir el berro por otros vegetales como espinaca, acelga, cardo, etc.

Ingredientes:
1 cebolla chica picada. 1 papa grande cortada

en cubos de 1/2 cm. 1 diente de ajo picado. 1 taza de agua. 2 tazas de berro cortado. 1 cubito de caldo de verdura. 1/2 cucharadita de sal. 1/4 cucharadita pimienta. 1 pepino sin semillas y picado. 1/2 taza de crema ácida. 1 taza de leche descremada. 6 rodajas finitas de pepino y 6 ramitas de berro para adornar (optativo).

1- Colocar la cebolla, la papa, el ajo y el agua en una cacerola de $1^{1/2}$ litro para M.W. Taparla.

2- Cocinar en HIGH 5-6 min. o hasta que las verduras estén casi tiernas. Agregar el berro, el caldo, sal y el condimento. Tapar.

3- Cocinar en HIGH 3-4 min. o hasta que las verduras estén tiernas. Enfriar ligeramente. Agregar el pepino y procesar en licuadora o procesadora hasta obtener una crema. Incorporar la crema ácida. Volver a ponerla en la cacerola. Agregar la leche. Tapar y enfriar. Si desea, adorne cada plato con las rodajas de pepino y una ramita de berro.

Consejito:

Si prefiere, agregue el pepino después de la crema ácida y procesado hasta que esté finamente picado. Colocando a la crema unas gotas de jugo de limón conseguirá la crema ácida.

muy buena!

SOPA DE CHAMPIGNONES FRESCOS

5 porciones / 110 cal. cada una

Los champignones frescos dan un delicado sabor a esta rica sopa cremosa.

Ingredientes:
2 tazas de champignones frescos cortados finamente. 1 cucharada de cebolla finamente picada. 2 cucharadas de margarina. 2 cucharadas de harina. 1 cucharada de caldo de carne instantánea. Sal y pimienta a gusto. 2 tazas de agua. 2 cucharadas de vino blanco seco. 1/2 taza de crema liviana. 1 taza de leche descremada.

1- Colocar los champignones, la cebolla y la margarina en una cacerola para M.W.

2- Cocinar en HIGH, destapada, 3 min. o hasta que los champignones estén casi tiernos, revolviendo 1 vez. Agregar la harina, el caldo y la pimienta, mezclando bien. De a poco agregar el agua revolviendo hasta obtener una crema.

3- Cocinar en HIGH destapada, 7-8 minutos o hasta que la mezcla hierva y se espese, revolviendo 2 ó 3 veces. Agregar el vino. Luego añadir la leche y crema.

4- Cocinar en HIGH, destapada, 2 o 3 min. o hasta que se caliente uniformemente.

Consejito:
Puede reservar algunos trocitos de champignones para decorar.

TRIANGULITOS DE POLLO
CON CASTAÑAS DE CAJÚ

8 sandwiches / 175 cal . cada uno

Las castañas de cajú le dan un toque especial a este

relleno de pollo. Realmente son riquísimos, anímese y verá que éxito.

Ingredientes:
1 pechuga de pollo completa, trozada (alr de 450 gr.). 1/2 taza de apio finamente picado. 1/4 taza de cebolla picada. 1/2 taza castañas de cajú picadas. 2 cucharadas de mayonesa o aderezo para ensaladas. 2 cucharadas de yogur natural 1/4 cucharadita de sal Pimienta a gusto. 8 tajadas de pan integral 2 tazas de brotes de alfalfa.

1- Poner el pollo sin piel en una asadera de 20 cm. de diámetro para M.W. Cubrir con papel manteca.

2- Cocinar en HIGH 7-8 min o hasta que esté tierno, Destapar y enfriar. Cortar la carne en trocitos.

3- Mezclar el pollo, el apio, la cebolla, las castañas de cajú, la mayonesa, el yogur la sal y la pimienta. Dejar a un lado y refrigerar.

4- Cubrir 4 tajadas de pan con la ensalada de pollo, brotes de alfalfa y otra rodaja de pan. Cortar diagonalmente para formar triángulos.

SANDWICHES

SANDWICHES CALIENTES DE POLLO

4 sandwiches / 295 cal. cada uno

Muffins rellenos de pollo con una rodaja de ananá cubierta con queso.

Ingredientes:
1 pechuga de pollo completa, trozada (alr. de 450 gr). 2 cdas. de apio finamente picado. 2 cdas. de cebolla finamente picada. 1/4 taza de yogur natural. 2 muffins cortados y tostados. 4 rodajas de ananá, escurridas. 4 cucharadas de queso crema.

1- Colocar el pollo sin piel en una asadera de 20 cm. de diámetro para M.W. Cubrir con papel manteca
2- Cocinar en HIGH 7-8 min. o hasta que esté tierno. Destapar y enfriar.
3- Deshuesar el pollo; cortar su carne en pedacitos. Mezclar suavemente el pollo, el apio, la cebolla y el yogur en un bol.
4- Acomode los muffins con el corte hacia arriba en una fuente de servir para M.W. Cubrir cada mitad con una rodaja de ananá y 1/4 de la mezcla de pollo. Cubrir con 1 cucharada de queso cada una
5- Cocinar el HIGH, destapados, 1-2 min. o hasta que el queso se derrita y la ensalada de pollo se caliente. Servir inmediatamente.

Consejito:
Quedan muy bien si se calientan sobre la bandeja doradora precalentada 5 min., quedarán más crocantes.

SANDWICHES DE MAR

6 sandwiches / 310 cal. cada una

Una combinación deliciosa de atún, palta, queso y tomate caliente sobre muffins tostados.

Ingredientes:
3 muffins cortados y tostados. 1/2 palta madura pelada. 1 cucharadita de jugo de limón. 1/8 cucharadita de sal de ajo. 1 lata de atún al natural, escurrido. 1/3 taza de mayonesa o aderezo para ensaladas 1/4 cucharadita de mostaza. 1 cucharada de ají picado. 60 gr. de queso Cheddar procesado o cortado en cubitos. 1 tomate mediano picado sin piel.

1- Colocar los muffins, con el corte hacia arriba en una fuente de servir para M.W. Con un tenedor hacer puré de la palta; ponerle el jugo de limón y la sal de ajo. Esparcir sobre cada mitad de muffins.

2- Mezclar bien el atún, la mayonesa, la mostaza, el ají y el queso. Agregar el tomate mezclando suavemente. Verter en forma pareja sobre los muffins.

3- Cocinar en HIGH, destapados, $1^{1/2}$-2 minutos o hasta que el queso comience a derretirse. Servir tibios.

Consejito:
Puede sustituir el atún por otro pescado.

SANDWICHES DE CAMARONES CON PALTA

4 sandwiches / 270 cal. cada uno

Receta fácil de sandwiches de camarones o atún. Es tan gustoso como promete.

Ingredientes:
4 rodajas de pan tostado. 4 rodajas de palta. 1

lata de camarones escurridos. 2 cebollas de verdeo cortaditas. 2 cucharadas de yogur natural. 1 tomate mediano picado sin piel. 4 fetas de queso Cheddar.

1- Colocar el pan sobre un plato de servir para M.W.; cubrir con las rodajas de palta. Mezclar los camarones, las cebollas y el yogur en un plato. Distribuir la mezcla de camarones en los sandwiches, untando en forma pareja. Cubrir con el tomate y las fetas de queso.

2- Cocinar en HIGH, destapados, $1\text{-}1^{1/2}$ min. o hasta que el queso comience a derretirse. Servir tibios.

Consejito:
Puede sustituir los camarones por una lata de atún al natural. Las rodajas de pan se pueden sustituir por pan de hamburguesa, cortado y tostado.

PANECILLOS DE CENTENO CON JAMÓN Y QUESO

4 sandwiches / 210 cal. cada una

Las semillas de amapola dan un agradable sabor a esta salsa de mostaza.

Ingredientes:
4 panecillos de centeno. 4 fetas de jamón desgrasado. 1/2 taza de queso tipo Philadelphia desmenuzado (60 gr,). 2 cucharadas de mayonesa o aderezo para ensaladas. 2 cucharadas de mostaza. 1 cucharadita de semillas de amapo-

la. 1/4 cucharadita de cebolla en polvo. Sal y pimienta a gusto.

1- Cortar los panecillos por la mitad. Acomodar las mitades de abajo sobre un plato de servir para M.W. Colocar una feta de jamón y queso sobre cada una. Mezclar la mayonesa, la mostaza, las semillas de amapola, la cebolla, la sal y la pimienta. Cubrir el queso con esta mezcla, distribuyendo bien. Tapar con la otra mitad de los panes.

2- Cocinar en HIGH, destapados, 1-2 minutos o hasta que el queso se derrita.

Consejito:
Todos los panes quedan mejor si se calientan sobre bandeja doradora precalentada 5 min.

PIZZETAS

6 pizzas / 245 cal. cada una

Sabrosas pizzas de pan tostado. Tres panes redondos (de 15 cm.) tipo pan árabe

Salsa
1 lata de tomate (salsa). 3 cucharadas de ketchup. $1^{1/2}$ cucharaditas de condimento italiano. 1/4 cucharadita de ajo en polvo.

Cubierta
250 gr. de carne magra picada. 2 cucharadas de cebolla picada. 2 cucharadas de queso parme-

sano. 1/4 de taza de aceitunas cortadas. 1$^{1/2}$ tazas de muzarela desmenuzada.

1- Abrir con cuidado los panes para obtener 6 círculos. Dejar a un costado.

2- Mezclar los ingredientes de la salsa; dejar a un lado.

3- Desmenuzar la carne picada en un recipiente chico para M.W.; agregar la cebolla.

4- Cocinar en HIGH, destapada, 3 a 4 minutos o hasta que la carne esté mezclando una vez. Escurrir. Dejar a un lado.

5- Colocar los panes, con el interior hacia arriba; distribuya la salsa en las mitades de pan (alr. de 2 cucharadas a c/u/); repartir en forma pareja. Espolvorear con el queso parmesano. Poner alrededor de 2 cucharadas de carne picada sobre cada pan. Arriba aceitunas y la mozarella.

6- Poner 3 pizzas por vez en una fuente de servir para M.W.

7- Cocinar en HIGH, destapadas, 1$^{1/2}$-2 minutos o hasta que el queso se derrita. Repetir la operación con las 3 pizzas restantes. Recordar consejito anterior.

SANWICHES REDONDOS

6 sanwiches / 265 cal. cada uno

Sandwiches rellenos con carne de vaca y cordero cubiertos con salsa de pepinos.

Ingredientes:
250 gr. de carne picada magra. 250 gr. de carne de cordero picada. 2 cucharadas de agua. 1 cu-

charada de perejil. 1$^{1/2}$ cucharadita de orégano. 1/2 cucharadita de ajo en polvo. 1/4 cucharadita de sal. 1/4 cucharadita de tomillo. 1/2 taza de yogur natural. 1/3 taza de pepino finamente picado o rallado. 1/2 cucharadita de cebolla en polvo. 1/2 cucharadita de aceite de oliva. 1/4 cucharadita de sal. Pimienta a gusto. 3 panes redondos (de 15 cm.). 1 cebolla mediana en rodajas finas. 1 tomate picado.

1- Mezclar la carne de vaca y de cordero en una cacerola para M.W. Taparla.

2- Cocinar en HIGH 6-7 min. o hasta que la carne esté hecha, revolviendo 2 veces. Escurrir. Agregar el agua, el perejil, el orégano, el ajo, la sal y el tomillo. Tapar nuevamente.

3- Cocinar en mínimo 30% 8-10 min. o hasta que los sabores se mezclen. Dejar a un lado.

4- En un bol pequeño mezclar el yogur, el pepino, la cebolla en polvo, el aceite, la sal, la pimienta. Dejar a un lado. Cortar los panes en mitades verticalmente. Abrir-los como formando un bolsillo.

5- Poner en cada bolsillo 1/3 taza de la mezcla de carne tibia. Colocar encima 2 cucharadas de la preparación de yogur. Cubrir con rodajas de cebolla y trozos de tomate.

SANDWCHIES DE JAMÓN Y PAVITA CON QUESO DERRETIDO

4 sandwiches / 240 cal. cada uno

El jamón y la pavita hacen una excelente combinación.

Ingredientes:
2 panes para hamburguesas cortados. 1 cucharada de margarina. 4 tajadas de jamón desgrasado. 4 tajadas de pavita cocida. 4 tajadas de queso de máquina. 4 rodajas de tomate.

1- Untar el lado del corte de los panes con margarina. Colocar los panes con el corte hacia arriba sobre un plato para M.W. Cubrir cada una de las mitades con jamón, pavita y queso.
2- Cocinar en HIGH, destapados, 1-1$^{1/2}$ min. o hasta que el queso se derrita. Adornar con las rodajas de tomate.

Consejito:
Queda muy rico sobre unas hojitas de orégano.

PIZZETAS INDIVIDUALES

12 pizzas / 170 cal. cada una

Utilice la cubierta de pizza que más le guste.

Ingredientes:
6 muffins cortados y tostados. 1 lata de salsa de tomate. 2 cucharadas de cebolla finamente picada. 1/2 cucharadita de orégano. 1/2 cucharadita de azúcar. Pimienta a gusto. Salsa picante de pimienta a gusto. Ajo en polvo a gusto. 100 gr. de pepperoni cortados. 1/2 taza de aceitunas fileteadas. 1 taza (110 gr.) de mozzarela desmenuzada. 1/2 cucharadita de ají molido.

1- Colocar las mitades de los muffins con el corte hacia arriba en una fuente de servir para M.W. Mezclar el tomate, la cebolla, el orégano, el azúcar, la pimienta, la salsa picante, el ajo y el ají molido.
2- Untar cada mitad de muffins con la salsa. Cubrir cada una con igual cantidad de pepperoni, aceitunas y queso muzarela.
3- Cocinar en HIGH, destapados. 2-2$^{1/2}$ min. o hasta que el queso se derrita. Repetir con el resto de las pizzetas.

Consejito:
Estas pizzetas se pueden preparar sobre panes de hamburguesas cortados y tostados. Recuerde su bandeja doradora.

PIZZAS DE PAN DE CENTENO

6 pizzas / 125 cal. cada una

Con base de pan de centeno podrá preparar estas pizzas superfáciles.

Ingredientes:
6 rodajas de pan de centeno tostadas. 1/4 taza de queso muzarella picadito. Condimento italiano. Pepperoni cortado (alr. de 18 trocitos). 2 cucharadas de salsa de pizza.

1- Esparcir el queso sobre cada tostada. Colocarlas sobre una fuente de servir para M.W. Esparcir el condimento italiano. Cubrir cada uno con 3 trocitos de pepperoni. Verter la salsa de pizza sobre los pepperoni.

2- Cocinar en HIGH, destapadas, $1^{1/2}$-$2^{1/2}$ minutos o hasta que se calienten.

Consejito:
Siempre verifique los condimentos en las salsas.

CAPÍTULO 9
ACOMPAÑAMIENTOS

En este capítulo encontrará platos interesantes para acompañar o realzar un plato principal. Tendrá a su elección entre panecillos, arroz y entremeses; ensaladas livianas, condimentos para ensaladas.

Aunque pensemos que el arroz, los panes y las pastas no son comidas dietéticas, en realidad sí pueden serlo. Las pastas y el arroz pueden comerse en pequeñas porciones sin salsas pesadas y aumentar su rendimiento con el agregado de verduras. Este es un buen modo de incorporar las fibras a su dieta. Hemos incluído cereales integrales en muchas de nuestras recetas.

ENSALADA DE FRUTAS INVERNAL

6 porciones / 125 cal. cada una

Los aros de macarrones aumentan el volumen de esta deliciosa ensalada de frutas agridulce.

Ingredientes:
1/2 taza de macarrones redondos hervidos. 1 lata de ensalada de frutas. 2 cucharadas de azúcar. 2 cucharadas de jugo de limón. 2 cucharaditas de fécula de maíz. 1 manzana. 1 naranja chica. 1 banana mediana.

1- Escurrir el jugo de la ensalada de frutas en un recipiente chico para M.W. Agregar el azúcar, el jugo de limón, y la fécula; mezclar hasta obtener una consistencia cremosa.

2- Cocinar en HIGH, destapado, 1 o 2 min. o hasta que la mezcla hierva y se espese, revolviendo una o dos veces. Dejar aparte.

3- Cortar la manzana en trozos. Pelar y cortar la naranja. Mezclar los macarrones, la ensalada de frutas, la manzana y la naranja en una ensaladera. Agregar la salsa-aderezo; mezclar ligeramente para cubrir. Tapar y refrigerar hasta ser servida. Incluir la banana en el momento antes de servir.

Consejito:
Rociar la banana con jugo de limón para que mantenga su color.

MOLDE DE PEPINOS

6 porciones / 80 cal. cada una

Disfrute de esta sabrosa e interesante combinación de este aspic lleno de color.

Ingredientes:
3/4 taza de agua. 1 paq. de gelatina de limón. 1/2 taza de yogur natural. 1/2 pepino mediano picado. 1 zanahoria chica pelada y rallada.

1- Preparar la gelatina como lo hacemos.
2- Agregar el yogur y el pepino; procesar hasta obtener una crema.

3- Refrigerar alrededor de $1^{1/2}$ hr. o hasta que comience a espesarse. Incorporar la zanahoria. Verter en un bol ligeramente aceitado. Tapar y refrigerar hasta que esté listo. Desmoldar sobre un plato de servir.

Consejito: Ideal para una cena de verano.

DELICIAS DE ANANÁ RELLENO

6 porciones / 120 cal. cada una

Una combinación de frutas frescas servidas en alegres barquitos de ananá.

Ingredientes:
2 cucharadas de azúcar. 1 cucharada de fécula de maíz. 1/2 taza de jugo de naranja. 1 cucharada de margarina. 1 cucharadita de cáscara de naranja rallada. 2 cucharadas de coco rallado. 1 ananá chico fresco. 1 naranja pelada. 1 banana pelada. 1 taza de uvas verdes o negras sin semillas. 2 cerezas al maraschino.

1- Mezclar bien el azúcar, la fécula y el jugo de naranja en un bol para M.W.
2- Cocinar en HIGH, destapado, $1^{1/2}$-$2^{1/2}$ min. o hasta que la mezcla hierva y se espese, revolviendo una vez. Incorporar la margarina y la cáscara de naranja. Enfriar.
3- En un plato chico de vidrio para M.W. cocinar el coco, destapado, 2-3 min. o hasta que esté ligeramente tostado, moviéndolo cada 30 min. Enfriar.
4- Cortar el ananá en mitades longitudinales a través

del extremo de las hojas. Con el cuchillo, cortar alrededor del ananá para sacar su pulpa, dejando alrededor de 6 mm en los bordes. Sacar el centro y cortar la fruta en trozos. Colocar en un bol.

5- Cortar la naranja en trozos. Pelar la banana y cortarla en rodajas. Agregar la naranja, la banana y las uvas a los trozos de ananá; mezclar con la salsa de naranja fría.

6- Verter las frutas en las carcazas del ananá. Esparcir el coco tostado. Adornar con las cerezas.

¡Casi casi nos sentimos en Hawai, me falta un nativo!

CUADRADITOS DE FRUTA CON YOGUR

9 porciones/ 80 cal. cada una

Cuadraditos de frutas livianos que harán el deleite de los fanáticos del yogur, seguramente.

Ingredientes:
1 paquete de gelatina de limón preparar como siempre. 1 lata de peras en su jugo. 1 taza de yogur natural. 6 cucharadas de yogur de vainilla. 2 cucharadas de nuez o almendras picadas.

1-Cortar las peras en cubos; agregarlas a la gelatina junto con su jugo mezclando bien.

2- Refrigerar alrededor de $1^{1/2}$ horas hasta que comience a solidificarse. Mezclar un poco de gelatina con el yogur hasta que sea cremoso. Volverlo a verter en el recipiente. Agregar las nueces. Verter en un recipiente cuadrado de 20 cm. de lado. Tapar y refrigerar hasta que esté lista,

Cortar en cuadrados. Cubrir cada cuadrado con una cucharadita de yogur de vainilla.

Consejito:
El yogur de vainilla de la cubierta puede ser sustituido por yogur natural; endulzarlo con 1 cucharadita de azúcar.

ENSALADA WALDORF A LA CEREZA

6 porciones / 100 cal. cada una

Una ensalada de frutas, apio y, nueces muy rápida para preparar.

Ingredientes:
1 taza de agua. 1 paq. de gelatina de cerezas preparada. 1 taza de agua. 1 mandarina chica picada. 1 banana en rodajas. 1/2 taza de apio picado. 2 cucharadas de nueces picadas.

1- Refrigerar, la gelatina hasta que comience a coagular.
2- Agregar la manzana, la banana, el apio y las nueces a la gelatina, mezclando bien. Refrigerar hasta que esté lista. Decorar con unas hojitas de apio o menta.

Se terminó de imprimir en noviembre de 1997
en los Talleres gráficos EDIGRAF S.A.,
Delgado 834, Buenos Aires, Argentina